高校体育教学运动训练发展研究

陈炫伊　著

吉林摄影出版社

·长春·

图书在版编目（CIP）数据

高校体育教学运动训练发展研究 / 陈炫伊著. -- 长春：吉林摄影出版社, 2023.12

ISBN 978-7-5498-6139-2

I. ①高… II. ①陈… III. ①体育教学－教学研究－高等学校②运动训练－教学研究－高等学校 IV.

①G807.4②G808.1

中国国家版本馆CIP数据核字(2024)第014452号

高校体育教学运动训练发展研究
GAOXIAO TIYU JIAOXUE YUNDONG XUNLIAN FAZHAN YANJIU

作　　者　陈炫伊
出 版 人　车　强
责任编辑　金　怡　贺子刚
封面设计　周书意
开　　本　710mm×1000mm　1/16
字　　数　310千字
印　　张　14
版　　次　2023年12月第1版
印　　次　2024年1月第1次印刷

出　　版　吉林摄影出版社
发　　行　吉林摄影出版社
地　　址　长春市净月高新技术开发区福祉大路5788号
　　　　　　邮编：130118
网　　址　www.jlsycbs.net
电　　话　总编办：0431-81629821
　　　　　　发行科：0431-81629829
印　　刷　北京昌联印刷有限公司

ISBN 978-7-5498-6139-2　　　　定价：76.00元

前　言

　　大学生是未来祖国现代化建设的人才。健壮的体魄、良好的心理素质、高尚的道德情操已成为 21 世纪对人才的基本要求。大学生正处于身体发育的旺盛阶段，因此树立健康第一的思想、培养良好的体育锻炼习惯、掌握科学的体育锻炼方法，对于提高大学生个人身体素质，进而提高全民族体质，具有特别重要的意义。高校体育教学是我国高校教育和体育教育的重要组成部分，在促进我国体育和教育事业发展、促进大学生健康全面发展方面发挥着重要作用。

　　在现代化的大学教育中，大学体育课程是建立在对学生进行终生体育教育的基础上的，所以，从国民素质培训、个体素质培育、个人生命健康的观点来看，大学体育运动有着十分重大的意义和功能。而体育运动又是一种习惯活动，要通过长期的锻炼，逐步形成习惯活动。尤其是体育技能的形成，必须建立在习惯动作的基础上。当前，为了提高大学生竞技能力，以及与实际生活健康对竞技体育的需要，有必要对高校竞技训练工作进行进一步的剖析。并以此为依据，提出了一种以提高大学生综合素质为目标，以促进其全面发展的新思路。

　　根据目前的发展趋势，加强学生的身体素质是高校体育教学的重要内容。体育活动不仅可以促进大学生的身心健康，而且可以使大学生在日常生活、学习中维持一个较好的体质。通过以上的研究，我们可以看出，随着客观条件的变化，以及主观条件的变化，在大学的体育教育中，需要对体育教育与运动训练的关系进行再认识，更新体育教育理念，增强运动训练的专业化。

　　由于笔者水平有限，本书难免存在不妥甚至谬误之处，敬请广大学界同仁与读者朋友批评指正。

目　　　录

第一章　体育教学概述

第一节　体育教学基础知识

一、教学的概念

教学的突出特征在于它是一种特殊的教育活动。广义上讲，教学就是指教的人指导学的人以一定文化为对象进行学习的活动，教的人不仅指教师，还包括各种有关的教育者；学的人不仅指学生，还包括各种有关的学习者。狭义上讲，我们所说的教学就是学校教学，是专指学校中教师引导学生一起进行的，以特定文化为对象的教与学相统一的活动。在范围上，教学是特指各级各类和各类形式学校中的教学，一般在家庭中和社会上不用"教学"而用"教育"；另外，教师在教学活动中的角色是组织引导者，而不是传统意义上的"主宰者"，这是当代的新观念；同时，教学既不仅仅是"教"又不仅仅是"学"，而是教与学的统一，教融于学中，学有教的组织引导。

因此，教学就是在教育目的的规范下，教师的教与学生的学共同组成的一种教育活动。通过教学，学生在教师有计划、有步骤的引导下，掌握系统的科学文化知识和技能，发展智力、体力，陶冶品德、美感，形成全面发展的个性。

二、教与学的关系

教与学作为两个不同的动词和动作即过程，作为两个不同的名词和与此有关的人的行为即活动。这两种活动是单独的、双边的，也是共同的、统一的。

教与学是两种活动、两种过程。教是教师的行为和动作。教的意义一般是指"讲授""教授""传授"，还可指教学。前者是一种较古老的教，后者是把教作为一种职业，教授学生的职业，没有把教和学分开，也可作为教授的代名词。

学是学生的行为和动作。学的意义是学习、模仿、掌握等。在教学活动中，教师、学生、教材以及教学环境等因素之间交互作用与联系，构成了一系列错综复杂的教学关系，其中教与学的关系是教学活动中最根本的关系。在教学中首先要抓住这一根本关系，去研究教学的问题，揭示教学的规律。

教与学是两类不同的活动，这两种活动是单独的，分别由教师和学生进行。原则上是可以独立存在的，但实际上是分不开的。不能只强调"教师中心论"，也不能只看重"学生中心论"。

一方面，只教是不行的。因为教需要对象，没有对象的教是无意识的教，不可取。教学的形式大多是指课堂的教学，有意识的教，有意识的学；有教材的教，有教材的学；有计划的教，有计划的学；这是基本原则。这样，教学就是教师教、学生学，是双边活动。在某种意义上，也是共同的活动，就是大家在课堂上，为了一个共同的目标：学生的学习。人们发现不管有多少不同的教师，用什么不同的教法，总有一些学生是学得不错，也总有那么几个学生是班级最后几名。人们还发现一个教师用一种方法使用同一本教材，有的学生一段时间学得很好，而另一段时间却恰恰相反。这说明一个问题，学生的重要性，学习的重要性，教授的辅助性和非决定性因素。

另一方面，片面地只强调学也是不科学的。总之，要把以教师为中心，变成以学生为中心。这种认识认为教师的主导作用和学生的主体作用是教学的一般原则，这无疑是一大进步。第一，认识到学生在教学中的作用；第二，认识到教与学不能互相代替，即不会以讲代学，以学代讲，以讲代练，也不会放任自流。然而当你考虑统一的问题，当你考虑在课堂上教学的时候，总感到意犹未尽，各自为战。

总之，教学就是教与学，不是只教，不是只学，更不是教＋学，应该是教授和学习的统一体，是教师和学生的共同活动，这两种共同活动是建立在"教授主旨是促使学习的活动"和"教授的证据在于学习"的理论上。这既阐明了教与学的关系，又暗示了教与学的统一。

三、体育教学

体育教学论研究的对象是体育教学。体育教学与其他各科教学一样具有共同性，都是一种有目的、有计划、有组织地对学生传授知识和技能，发展智力和体力，培养品德和形成个性的教育过程。但又有其特殊性，它是实现学校体育目的任务的基本途径。今天，体育教学已不限于学校体育，它还兼及竞技运动和社会体育的教学，但学校体育的目的、任务主要是通过体育教学来实现的。因此，把体育教学定义为：在学校教育中，学生在教师有目的、有计划、有组织的指导下，积极主动地通过掌握技术和技能，增进身心健康，提高身体活动能力、自然和社会环境适应能力，培养良好的思想品德，促进个性发展的教育过程。

（一）体育教学的构成要素

从系统论的观点看，可以把体育教学过程当作一个整体系统来考察，即体育教学系统是一个多层次、多要素的复杂系统。所以，体育教学系统的要素即体育教学过程的要素。

体育教学过程的每一层次都包含着相同的要素，这些要素的整合就构成了完整、统一的教学过程。关于体育教学组成要素有三种不同的观点：

一是三要素说。该观点认为，体育教学系统是由体育教师、学生和体育教材三个基本要素构成的；二是四要素说。该观点认为，体育教学系统是由体育教师、学生、体育教学内容和体育教材手段四个要素构成的；三是五要素说。该观点认为，体育教学系统是由体育教师、学生、体育教材、体育教学方法和教学物质条件这五个要素构成的。

从以上几种观点可以看出，无论是哪种观点，有三个基本的要素是共同的，即体育教师、学生和体育教材。体育教学活动的主体是人，体育教学过程是教师与学生双边统一活动的过程，因此体育教师和学生是体育教学必不可少的两个基本要素。除此之外，它们共同的作用对象是体育教材。在这一教学过程中，教师是通过教材这一媒介与学生发生作用的。体育教学系统的构成性要素主要是体育教师、学生和体育教材。它们之间是相互联系、相互依存和相互作用的。

学生作为正在成长中的、学习中的主体是有千差万别的，由于体育教学中学生身体直接参与，学生在体育活动中出现的差异更加明显与突出，更需要教师对学生的认识了解。每一位学生无论是在体形、体能和身体功能，还是情感、气质、性格、兴趣、爱好以及个性等，由于遗传、家庭、学校和教育等方面的原因，表现出明显的差异性。

体育教师在体育教学中担负着社会的使命——培养下一代。因此，无论从哪个角度讲，体育教师都是体育教学系统中起关键性作用的因素。体育教师的个性、能力、水平、事业心、责任感以及体育教师与学生的关系和教师在学生中的威信，都对体育教学的效果产生重要的影响。

体育教材是体育教师指导学生体育学习的一切教育材料，它是体育教学中师生相互作用的媒介，是体育教师要教，学生要学、练的对象。体育教材的选择与组织一方面要考虑社会发展的需要，尤其表现在社会发展对教育、学校体育目标的制约；另一方面，要考虑体育运动特点，要充分考虑学生对体育教材的理解、接受与喜爱的程度。体育教材的内容范围、难度等都直接影响着体育教学的成效，也直接影响学生的身心发展。

（二）体育教学的规律

1. 要遵循与学生身心发展水平相适应的规律

教育和教学必须与学生身心发展水平相适应，这是一条基本规律，体育课也必须遵循这条规律。体育课要促进学生的一般发展和特殊发展，这就要求体育课的目标要定得适当，教学方法、手段等也要适当。要达到这点，就必须了解学生的现有发展水平，针对学生的"最近发展区"，促进其不断发展。

2. 要遵循学生生理的心理指标起伏变化规律

在体育课的教学活动过程中，学生生理和心理方面，都承受着不同强度和数量的负荷，引起一系列生理和心理指标的变化。由于在体育课的教学过程中，学生有各种不同的学习活动方式，如听讲、观察、进行身体练习、帮助同伴以及休息，等等。这些方式的改变，对学生身心有着不同程度的影响，于是学生身体生理指标和心理指标的变化便易呈现出波浪形，这种高低起伏的变化是体育课教学特有的，是客观存在的，体育课的进行要遵循这个规律，保持合理的生理、心理起伏变化的节奏。

3.要遵循感知、思维和实践结合规律

体育课上学生大部分时间是在从事身体练习，耳、眼和机体等感官直接感知动作，大脑积极思考如何行动，机体去协调做动作。其中，直接感知是基础，思维是核心，实践是归宿。这三个环节是紧密结合的，缺少哪一个都会影响体育课教学的效果。因此，这也是体育课必须遵循的。

4.要遵循掌握体育知识技能螺旋式上升的规律

体育课教学要向学生传授有关的知识、技术和技能等。一种知识、技术和技能掌握以后，如果不及时强化，就会遗忘或消退。在前面传授的知识、技术、技能衰退现象，后面的体育课不应改变这种现象，使前面学习的知识、技术、技能得到巩固、完善和提高。所以，学生掌握体育知识、技术、技能螺旋式上升，也是体育课教学应遵循的一条规律。

第二节　体育教学的目标与特点

一、体育教学目标及相关概念

（一）体育教学的条件关系

体育教育领域中，与体育教学目标相关的术语较多，如体育教学目标、体育教学任务等，因而人们容易混淆。那么，"体育教学目标"与相近的"体育教学目的""体育教学任务"之间是什么样的关系呢？

1.体育教学目的、体育教学目标、体育教学任务的含义

（1）体育教学的目的

体育教学的目的就是人们设立体育学科和实施体育教学的行为意图与初衷。体育教学目的也是贯穿整个体育教学的指导思想，是对体育教学提出的概括性的和总体性的要求，它把握着体育教学的进展方向。

（2）体育教学目标

是努力的方向和预期的成果，是"要在各个阶段达成什么和最后达到什么"的意思。由此而论，体育教学的目标是人们为达到体育教学的某个目的在行动过程中设立的各个阶段预期成果以及最后的预期成果。

（3）体育教学任务

是受委派担负的工作或责任，即上位的人或事对下位的人或事提出的要求及布置的工作，是"要做什么"的意思。由此而论，体育教学任务是为了完成体育教学目的、实现体育教学目标所应该做和必须做的工作。

2.体育教学目标、体育教学目的、体育教学任务三者之间的关系

体育教学目标、体育教学目的、体育教学任务三者之间应是如下的相互关系。

第一，各个阶段的体育教学目标的总和就是最终的体育教学目标。

第二，最终的体育教学目标是实现了体育教学目的的标志。

第三，体育教学任务是为实现体育教学目的和体育教学目标所应该做的实际工作和责任。

3.教学目标与教学目的

人们往往把体育教学目的和体育教学目标混淆。在现代汉语中，"目的"的意思是"想要达到的境地或想要得到的结果"。从这一意义上，把"教学目的"理解为教学活动预期要达到的结果，它规定着教学活动的方向和标准要求。由于在汉语词汇中"目的"和"目标"并没有质的差别，因此，将教学目的和教学目标视为同一。

其实二者既有密切联系，又有明显区别。体育教学目标是体育教学目的的具体化，与体育教学目的在方向性质上是一致的，都是教学活动所要预期达到的结果。其区别：第一，体育教学目的与体育教学目标是一般与特殊的关系，体育教学目的是对体育教学活动的总要求，对体育教学活动具有普遍的指导意义，而体育教学目标是对体育教学的具体要求，只对特定阶段、特定范围内的教学活动有指导规范作用，如某一课时、某一单元的教学活动；第二，体育教学目的具有稳定性，而体育教学目标具有一定的灵活性，体育教学目的体现了社会的意志和客观要求，特别是体育教学目的是以指令性形式表现出来。而体育教学目标则较多地体现了体育教学活动的主体要求，有一定的自主性，体育教师可以根据教学的具体情况予以制定、调整，有一定的灵活性。

体育教学目标对整个体育教学活动起着统观全局的作用。教学目标反映教育思想，也反映对教学规律、教学过程等客观性教学要求的看法。教学目标一经确定，便对其他主观性教学要求发生影响，即影响到教学内容、教学计划、教学方法、教学原则及其他种种的教学行为。当然，人们从教学行为中获得的经验与体验又反过来使自己对教学目标进行再思索，或进一步加深对教学目标的理解或对教学目标做某种幅度的调整。

教学目标具有两个特征：一是可行性。说明目标的内容，即说明做什么和如何做；二是预期性。用特定的术语描述教学后学生应能做以前所不能做的事情，即教学后所要达到的结果的详细规格。

4. 教学目标与教学任务

体育教学任务是为了完成体育教学目的、实现体育教学目标所应该做的而且是必须做的工作。教学目标与教学任务虽然是同一个范畴，但又有区别。第一，教学任务是以教师为主体的，教学目标则是在一定教学时间内各种教学活动行为要达到的标准和境界。它是以教师为主导、学生为主体的；第二，教学任务是比较笼统的，分不出阶段和层次。教学目标的描述由于采取了具体的行为动词，因而对教学过程的阶段、深度和层次有明显的限定；第三，教学任务是教师对教学的期望，缺乏量和质的规定性，观察和测量都难以进行，其结果难以评价。教学目标则将教学任务具体化和量化，可观察、测量，或作为评价的依据；第四，教学任务一般为教师所掌握。教学目标师生都要明确和掌握，学生可以根据教学目标进行自我学习和自我检测，有利于提高学生学习的主动性和兴趣。

5. 体育教学目标的概念

体育教学目标是依据体育教学目的而提出的预期成果。这个预期成果可分为阶段性成果和最终成果，阶段性成果是体育教学的阶段目标；阶段性成果的总和就是最终成果，即体育教学总目标。体育教学总目标是体育教学目的得以实现的标志。

（二）制定体育教学目标的依据

1. 对学生的研究

教育是一种改变人行为方式的过程。这个"行为"是从广义上说的，它既包括外显的行动，又包括思维和感情。从这个角度去认识体育教育时，体育课程目标就是体育教育寻求学生发生各种行为变化的代表。要使体育教育达到预定的目标，就必须对学生进行各方面的研究。

（1）学生身心发展的规律

体育课程的主体是学生，体育教育的工作要求、内容选择、安排和组织形式，以及教育、教学、训练方法手段等，都要以遵循学生身心发展的规律为前提。学生心理发展的主要特点，主要包括学生的认知发展、情感和意志发展、个性发展三个方面；生理的主要特点包括身体的形态发育、机能发育和素质发展三个方面。不同年龄的学生，其身心发展的特点是不一样的。体育教育工作必须结合学生身心发展特点来进行，才可能有针对性，这样才能达到预先设计的"目标"。

因此，学生身心的发展规律是确定体育课程目标的生理和心理依据，它反映学生身心发展的客观规律和作为体育课程主体的客观需要。只有充分认识学生身心发展的特点，所确定的体育课程目标才是科学的，并能指导实践，实现体育课程目标。

（2）学生全面发展需要

教学与发展的问题是教育学的核心问题之一，它同教育科学的一系列其他重大问题都有这样或那样的联系。很少有人去探寻课程实践中人性发展的内涵，精神提升的意蕴，也很少有人把课程与人的精神解放、生命历程联系起来。在这种情况下，提倡对人的主体与人生目标的哲学探讨，将会把课程研究提升到一个新的境界。因而，人的生命和发展都应该是课程研究和出发点，任何知识内容的安排都应以人的发展为依据、准绳。

"发展"主要是指人的发展。关于人的发展问题历来是哲学、心理学、社会学、人类学和教育学等众多学科关注的重要课题。教育学把人的发展看作是个体的人的天赋特性和后天获得的一切量变和质变的复杂过程，即由一个生物性的个体变成一个具有无限创造能力的社会成员，其中包括身体、智力、品德、审美和劳动技能等的形成和发展。

教育学中讨论的人的发展，既包括个体的自然发展，又包括个体的社会发展。人的自然发展和社会发展常常是密切关联的，是相辅相成的。这样的情况说它是自然发展也可以，说它是社会发展也可以。当然也有自然发展包含着一部分社会发展和社会发展包含着一部分自然发展的情况。从而可知，作为学生个体的发展，实质上是人的不同自然成长因素、社会因素和基于社会的教育过程综合作用的发展，这也说明了为什么每一个学生个体在同样的教育环境下会表现出不同的学习能力和发展水平。作为体育课程的主体——学生，无论是否接受了体育课程的教育，其都会在自然成长因素和社会因素的影响下成长和发展的。而体育课程的作用则是通过体育的手段引导、鼓励、教育使之能够更为健康地成长、发展，从而达到社会所需要的人才标准。由于体育课程所面临的任务是培养、塑造处于不断发展中的人，所以，应当说体育课程的主体是"发展人"。"教育是人类有意识地促进自身发展的实践。"也就是说，体育课程的根本任务是根据人的发展的概念中必然包括的生物因素和社会因素，来促进学生的健康发展。

既然人在生物因素和学校教育以外的社会因素下仍然可以得到发展，那么，围绕主体所进行的体育课程主要着眼于儿童、少年、青年，直至成年人的成长，即"发展人"。所以，在体育课程的任何阶段，当考虑其目标和计划时，都必须遵循人的发展基本规律来设计、制定并实施。无论是群体的人，还是个体的人，其发展的规律和状况都应该成为制定体育课程目标和计划的基本依据。

2. 对社会的研究

对社会的研究，主要是研究社会的需要，是指社会经济、政治、科学文化、生产力的发展水平对体育课程提出的要求。它集中体现社会在培养人的质量规格要求上。当今世界正处于激烈的国际竞争和新技术革命的挑战时代，世界范围的经济竞争、综合国力竞争，在很大程度上是科技和人才的竞争，归根到底是教育的竞争。我国改革开放和现代化建设事业已经迈进了新的世纪，面对新的形势，我国体育课程要根据新形势对人才的要求，考虑我国对体育教育提供的必要条件、合格体育师资的数量与质量、场地、器材设备、工作经费等实际情况，制定出来的体育课程目标才是科学合理的。

在对社会需求的研究中，不能忽略了社会文化传承的需要。文化的传承，不只是静态的积累、保留和传递，它应是选择性地汲取传统文化的精髓，转化为适合时代的有用东西，并加以传扬下去。

教育是个人发展和社会生活延续的手段，就其本质而言，它乃是实现人类文化传承的最主要手段。自然，体育教育是体育文化传承的主要手段，而体育教育的核心就是体育课程。体育课程的文化传承功能主要体现在：首先，体育本身就是一个文化现象，学习体育就是接受体育文化熏陶。体育作为国际社会文化现象由来已久，现代体育的产生和发展与近代文化发展史息息相关。通过体育课程，就能够接触并认识一定的社会文化。其次，体育课程又是体育文化传承的媒介，学习体育就为传承体育文化提供了捷径。学习体育的一大好处就是能为学习者打开认识体育文化的大门。此外，体育课程本身的功能特点，有利于体育文化的传承。现代体育课程的结构丰富了体育文化的传承途径选择，体育的显露课程、隐蔽课程、社会课程与体育文化的传承互为补充。

3. 对学科的研究

学校课程毕竟是要传递通过其他社会经验难以获得的知识，而学科是知识的最主要的支柱。由于体育课程专家谙熟课程的基本概念、逻辑结构、探究方式、发展趋势，以及学科的一般功能及其相关学科的联系，所以，体育课程专家的建议是该课程目标的主要依据之一。

体育课程本身的功能是制定课程目标的重要信息，是课程内部特性的反映，是课程实施过程中，学生所要获得的体育教育的结果。到目前为止，体育课程的功能是多元化的：健身功能、教育功能、启智功能、情感发展功能、群育功能、美育功能、娱乐功能和竞技功能等。

由此可见，只有依据这些功能所确定的体育课程目标，才能充分发挥学校体育的作用，使目标的实现成为可能。

（三）体育课程目标的层次结构

体育课程的目标应该是什么呢？是促进学生的全面发展，是"增强体质"或是"促进健康"，还是学会某项运动技术。从这些目标当中可以看出，它们之间并不是处在同一层次上的。此外，对于同一层次的目标而言，还存在着不同领域和水平的区分。课程目标是有层次结构的，不同的层次结构发挥着不同的功能。

1. 课程目标的纵向层次

根据目标的上下层次关系，可以依次将课程目标分为以下几种不同的层次。

（1）课程的总体目标——教育目标

所有课程的共同目标，即课程的总体目标。课程的总体目标的规定，反映特定社会对于合格成员的基本要求，与该社会员根本的价值观一致。这一层次的目标经常被写进国家和地方的法规，或其他形式的重要的课程文件当中。

从国家或整个社会的角度来看，教育目标只能是总体性的、高度概括性的，而不可能是具体的、菜单式的。就课程编制而言，总体目标具有导向性，渗透在课程编制的各个方面，可运用于所有的课程实践。例如在考虑课程的宏观结构时，必须服从教育目标的根本方向，在决定课程的具体内容时，必须保证与教育目标要求符合，像义务教育阶段各门课程的设置，能否满足学生全面发展的要求。各门课程所选择和涉及的内容，是否与学生全面教育目标方向相一致，等等。当人们从总体上考虑和判断具体课程的意义和价值、课程结构的科学性、课程内容的合理性时，经常是用教育目标作为根本依据的。

（2）课程的总体目标的具体化——培养目标

课程的总体目标——教育目标，是整个国家各级各类学校必须遵循的统一的质量要求，各级各类学校根据国家的教育目标和自己学校的性质、任务对培养对象提出特定的要求，这就是人们平时所讲的培养目标，如基础教育、高等教育、职业教育等培养目标。培养目标是总体目标在各个教育阶段或不同类型学校中具体化的体现，两者没有实质性的区别。

尽管培养目标是教育目标的具体化，但仍然是具有高度的概括性，如通常用发展学生文化、科学、技术的基础知识和基本技能等表述方式，并不涉及具体的学科领域，而只是对各个教育阶段和各级各类学校中的各种学科课程的编制提供相应的依据。同样各个教育阶段和各级各类学校中体育课程也是根据培养目标而编制的。

（3）学科领域的课程目标

学科领域的课程目标实际上就是人们通常意义上所讲的课程目标，这一层次的目标适用于一定阶段的具体课程，要研究的体育课程的目标就是属于这一层次的。这个层次上的目标比培养目标更为具体，可以说是培养目标在特定课程领域的表现。学科领域的课程目标的确定首先要明确课程与上述教育目标、培养目标的衔接关系，以确保这些要求在课程中得到体现；其次，要在对学生的特点、社会的需求、学科的发展等各个方面进行深入研究的基础上，才有可能确定行之有效的学科领域课程目标。学科领域的课程目标有助于澄清课程编制者的意图，使各门课程不仅注意到学科的逻辑体系，而且还要关注教师的教与学生的学，关注到课程内容与社会需求的关系。体育课程的目标实际上就是结合体育学科本身的特点、教育目标、学校的培养目标、学生的特点以及社会的需求而制定的。

（4）学科领域的课程目标的具体化——教学目标

尽管学科领域的课程目标有细化和可操作性的趋势，但仍然是总体性的或阶段性的一般目标；而作为短期的某一教学单元以至某一节体育课，又如何分析它的目标体系呢，这通常称为单元或课的教学目标。实际上它们是学科领域的课程目标的进一步具体化。课的教学目标又是单元教学目标的具体化，是最微观层次的课程目标。这一层次的目标通常分析到操作化的程度，它往往与具体的情景联系在一起，对体现较抽象的课程目标的结果给予明确的界定，引导教学的展开。

教学目标是一所学校在确定体育课程的实施方案并制订以单元为基础的全年教学计划以后，由任课教师制定的，它是教师制订单元计划和课时计划的根据。在过去，我国较为重视的是课时计划，并把一堂课看作是最基本的教学单位。其实一堂课是最基本的教学学位，却不一定是一个完整的基本教学单位，因为一堂课不能把一个教学系列完整地教给学生，有时只完成其中一部分。只有一个教学单元才能把一个完整的教学系列教给学生。因此，在改革的新形势下，应当更为重视单元计划的构建和单元目标的设计。

2. 课程目标的横向关系

课程目标的横向关系实质上反映了各种目标的区分以及相互关系。"目标领域"是指预期学生学习之后所发生变化的内容领域。在教育目标这一层次上，我国通常用德、智、体或德、智、体、美、劳来划分目标领域。无论怎样划分目标领域，各领域对总的目标来说都应当具备逻辑的合理性，它们彼此之间在相互关系上虽然可能是并列和平行的，这样使得议程目标更加具体、清楚和明确，但它们之间必须是个相互联系的整体，每个领域都不能脱离其他领域而单独实现课程目标。

二、体育教学目标与体育学科功能、价值的关系

（一）体育学科的多功能

功能取决于事物的性质和特点，同理，体育学科的功能来自体育学科自身所具有的性质和特点。由于体育学科的内容产生于不同的文化现象，如产生于军事中的体育活动、产生于民间娱乐中的体育活动、产生于教育中的体育活动、产生于养生保健中的体育活动、产生于竞争竞赛中的体育活动，等等。因此，体育学科具有了上述这些文化母体所带有的多样功能和特征。

（二）体育学科的价值

由于体育学科具有多样的功能和特征，使得体育学科具有了价值取向多样性。功能与价值有着非常密切的联系，但二者又不相同，功能是一个事物或物体固有的作用范畴，而价值则是利用者面对这个事物时的态度和选择，即价值取向。虽然体育学科的功能是相对稳定的，但在不同的历史背景下和不同的国度中，体育学科的各个功能被不同程度地加以利用，体育学科被赋予各种各样的价值，此时，体育学科有些功能可能被忽视，这方面的价值也难以实现。

当然，人们在注重追求某种体育功能并努力实现某种体育价值时，也并不是绝对单一的，在多数情况下，人们是同时追求几种体育的功能，注重实现体育的多种价值，只不过是更注重、更强调某个功能而已。

（三）体育教学目标、体育学科的功能及价值之间的关系

功能、价值和目标的意义各不相同。功能是一个事物固有的、客观的属性；而价值是外赋的、主观的属性；目标则是根据功能进行价值取向后的行为效果指向。

功能是事物固有的和客观的属性，而价值是外赋的和主观的属性，也就是说，一个事物即使具有这个功能，而人们如果没有看上这个功能，也不会把这个功能的实现作为目标；相反，一个事物不具有这个功能，即使人们非常希望通过这个事物实现这个功能，也是无济于事的。所以，不能将功能简单地等同于目标，也不能将价值简单

地等同于目标。虽然认识到了体育的多种功能，但也不能将这些功能都不加分析地作为体育学科的目标。

体育学科的功能不会有大的改变，但不同的社会和不同的历史阶段会有不同的体育价值取向，因此体育教学的目标会随着社会的变化与发展产生相应的变化。

三、合理制订体育教学目标的意义

根据以上的分析，可以看出：合理地制订体育教学目标对于体现体育学科的功能，完成人们对体育学科的价值期待是非常重要的。合理制订体育教学目标的意义主要体现在以下几个方面：

（一）充分发挥体育学科教学的功能

只有合理地制订了体育教学目标，才能明确要实现哪些体育教学的功能，如健身的目标可以帮助实现体育教学的健身功能；愉悦身心的目标可以帮助实现体育教学的满足乐趣功能；传授技术的目标可以帮助实现体育教学的授业功能，等等。如果不按规则制订体育教学目标就不能充分发挥体育教学的功能，也就无法发挥好体育教学的主要功能，使得体育教学的质量大为下降。

（二）保障实现体育的教学目的

只有合理地制订了体育教学目标，才能稳妥地实现体育教学的目的。如前所述，体育教学目标是体育教学目的实现的标志，如使学生的体格强健是健身目的的标志；使学生每个单元每节课都能愉悦身心是促进学生运动参与的标志；让学生在本学段学好一项有用的运动技能是促进学生体育实践能力形成的标志，等等。如果总的体育教学目标不是体育教学目的的标志，那么就意味着体育教学目的（意图）没有得到实现。

（三）确保层层目标衔接，最终实现总目标

如果制订好了每一个阶段的体育教学目标，就可以保证阶段体育教学目标的总和等于总的体育教学目标，那么就意味着总的教学目标可以顺利完成；反之，如果错定了阶段体育教学目标，就使得阶段体育教学目标的总和不能等于总的体育教学目标，

那么就意味着总的教学目标没有完成。因此，正确地制订好各个层次的教学目标，层层目标衔接，是最终实现总目标的可靠保证。

（四）明确和落实体育的教学任务

体育教学目标决定着具体的体育教学任务。目标是标志，没有标志就没有方向，但只有标志没有具体的行动，标志也是没有意义的。因此，要有具体的体育教学任务来支撑目标的实现。体育教学任务要以体育教学目标为依据，好的目标有助于明确教学任务，体育教学目标是"的"，体育教学任务是"矢"，有了明确的目标，教学的任务才能"有的放矢"，切实有效。

（五）规约了体育教学过程

体育教学目标不仅在方向上对体育教学起着指导作用，而且在具体的步骤和方法上也具有规约的作用。体育教学要取得怎样的结果；要先达到怎样的结果，再达到怎样的结果；它们之间是怎样的逻辑关系；这些都要靠制订阶段的体育教学目标来明确。体育教学目标预先规定了体育教学的大致进程，体育教学的展开过程就是体育教学目标得以实现的过程。因此，清晰的体育教学目标有利于体育教师对教学活动的控制，有利于提高体育教学设计的预见性和科学性。

（六）指引、激励教师的教与学生的学

目标反映了人的愿望和努力方向。当明确的目标意识延伸到人的行为领域，并同行为相联系的时候，则形成动机和动力源泉。虽然体育教学目标并不完全是由任课教师和上课学生群体制订的，但合理的体育教学目标必定充分反映着教师的努力方向和学生的学习愿望。因此，科学合理的体育教学目标必定可以指引教师的工作，必定可以激励学生学习。体育教学目标为教师指明了体育教学工作的预期成果，使他们清楚地知道自己工作的努力方向。体育教学目标的不断实现还会使教师受到鼓舞，实现过程中的困难也会促使教师去发现和解决问题，所以明确具体而切实可行的教学目标，可以指引教师努力地工作；同理，体育教学目标也为学生的体育学习提供了努力的方向，使他们清楚地知道自己与预定目标之间的差距，学习目标的不断实现会使学生受

到鼓舞，实现过程中的困难也会使学生受到鞭策。所以，明确具体而切实可行的教学目标可以激励学生努力地学习。

（七）形成检验教学成果的标准

体育教学目标是到达点，是标志，因此其本身就是很鲜明的和可判断的标准，阶段性目标的达成与否是在教学过程中进行体育教学质量评价的标准；而总目标的达成与否就是在教学过程终结时进行体育教学质量评价的标准。从这一点上讲，体育教学目的和体育教学任务都少有标准的性质，因此难以用来作为检验体育教学成果的标准。

同任何事物一样，体育教学目标也有着自己的结构，体育教学目标的结构是由体育教学目标的外部特征和内部要素共同构成的。

四、体育教学目标的外部特征

体育教学目标的外部特征是：属于体育教学目标内容以外的，但对体育教学目标内容具有规定性的那些特点及其标志。体育教学目标的外部特征主要有：目标的层次、目标的功能与特性、目标的着眼点和目标登载的文件。

（一）体育教学目标的功能与特性

所谓体育教学目标的功能与特性，是指各个层次的体育教学目标都有其独特的"功能"和"特性"，就是"为什么要有这层目标""这层目标是干什么的"等层次目标的必要性和不可替代性。如果不明确各层目标的功能与特性，这层目标就会与其他层目标相混淆，那么该如何考虑、如何制订、如何表述这个目标也就不清楚了。也可以把"目标的功能与特性"理解为"目标的定位"或"目标的个性"。过去有些体育教师把"培养集体主义精神"的目标写进课时的目标，就是因为不了解课时的体育教学目标具有不宜写进如此大的目标的"功能与特性"所致。

（二）体育教学目标的着眼点

各层体育教学目标有着各自要解决的问题，因此各层的目标就有自己的"着眼点"，就是"围绕着什么来看目标"和"围绕着什么来写目标"的视角。例如，学段体育教学目标就是围绕着"本学段学生的身心发展特点";单元体育教学目标就是围绕着"运动技能学习",两者在这里是不能互换和颠倒的。因为,学段体育教学目标的实现涉及许多的运动教材,因此不可能围绕某一个运动技能来写,它的着眼点是"在这个发展阶段学生需要什么,能发展什么";同理,单元体育教学目标是学段目标的下位目标,它也不可能围绕学段的发展来写目标,而它的着眼点是"在这个单元中,利用这个运动教材应该发展学生什么,能发展学生什么"。因此,体育教学目标的"着眼点"也是形象地辨别体育教学目标功能的"观察点"。

五、体育教学目标的内部要素

体育教学目标还有它内部的要素。例如,在体育教学目标中写了"学习单手投篮",这是一个不合格和不完整的体育教学目标,因为这个目标不具体,也无法用它来检验目标是否实现。如果制订"学习单手投篮"这个目标,只能根据它来判断学生"是否学习了单手投篮"和教师"是否教了单手投篮",换句话说,只要教师教了、学生学了单手投篮,这个目标就算是达成了,但学了几次,学生学会了没有,都不在这个目标范围之中,因此说这样的目标是"管教不管会"的,是不完整的,也是不能指导体育教学实践的。

(一)条件

条件是决定目标难度的因素。在规定目标难度和学习进度时,可以利用目标中条件因素来进行变化,如同样是排球的垫球,可以根据条件的变化来改变教学目标的达成难度。例如,条件 A:自己抛球后,将球垫起。条件 B:接垫同伴在 3 米外柔和的抛球。条件 C:接垫同伴隔网抛来的球。条件 D:接垫同伴隔网发过来的球。

(二)标准

标准也是改变目标难度的一个因素,同样是"接垫同伴隔网发过来的球",就可以通过改变标准来调整目标的难度。例如,标准 A:垫出的球要达到 2 米的高度,并落到本方场地中。标准 B:垫出的球要达到 3 米的高度,并落到本方场地的前半场。标准 C:垫出的球要达到 4.5 米的高度,并落到本方场地的前左方规定的范围内。

（三）课题

课题可以通过改变动作形式来改变目标的难度，如体操中的平衡运动的课题。课题 A：手放在什么位置都可以，做十秒钟的单脚站立。课题 B：手在体前相握，抱膝盖，做十秒钟的单脚站立。课题 C：闭眼做十秒钟单脚站立。课题 D：闭眼并手在体前相握，做十秒钟的单脚站立。知识和原理理解方面的目标也是如此。

六、体育教学的特点

（一）身心合一的健身统一性

体育对人自身自然的改造，不仅是形态结构与生理机能的统一，也是身与心的统一。体育教学要在追求学生身体改造的同时，注重学生无形的心理发展。因此，体育教学要善于营造不同于智育教学的、生动活泼的教学气氛，为学生的心理健康发展提供良好的环境。要善于利用体育活动自身所蕴含的吸引力，并通过合理的教学组织，使这种吸引力倍增和放大。体育教学应该是一种快乐的教学，重过程的主动参与，重情绪的积极体验，重个性的独立解放，使人际关系宽松和谐，使学生在轻松愉快的环境中，在欢快愉悦的心境下，自由自在、无忧无虑、不知不觉地获得身心的健康发展。

体育教学中身心合一的健身统一性体现于三个方面：

第一，在体育教学中选择教材时不仅要注重教材对学生身体各部分、各种运动能力和各种身体素质的积极影响，而且要注重教材对学生心理的影响，尽可能从心理学、美学和社会学方面使学生得到良好的体验，在完成动作的过程中，不知不觉地感受协调，默契、流畅和成功的欢喜与愉悦。

第二，体育教学的组织教法必须克服一体化的固定模式，体现体育教学生动活泼的教学形式，让学生活动得更自由、更自在、更开心、更充分，从而达到身心和谐和内外兼修的目标。

第三，在注重学生生理负荷起伏变化的同时，还要注重心理活动起伏变化的规律。在体育教学中，学生的身心同时参加活动。在反复的动作和休息交替的过程中，学生的生理机能变化有一般的规律：当进行练习时，生理机能开始变化，生理机能水平开始上升；达到一定水平后，保持一定时间，然后再开始下降。在一定范围内，由于练习与休息进行合理的交替，所以学生的生理机能变化呈现出一种波浪式的曲线。与此相适应的，学生的心理活动也呈现出高低起伏的曲线图像。这种生理、心理负荷波浪式的曲线变化规律，体现了体育教学鲜明的节奏性和身心的和谐、统一。

（二）体育教学过程的教育性

"教学过程永远具有教育性"，这是任何教学过程的一条基本规律。古今中外的体育教学，概莫能外。体育教学的教育性主要体现在两个方面：

第一，在体育教学中组织每一项活动，均有一定的目的任务、组织原则、规则要求、需要学习和掌握相应的动作技术，以及克服各种各样的困难等，这些是构成体育环境的基本因素。学生在这一环境中进行学习、锻炼或参加比赛，就会受到直接的影响。同时，体育环境还包括教师使用的教材，采用的教学方法、教学环境、教学条件、学校传统和班级风气等，这些都会有力地吸引、潜移默化地熏陶感染和教育与之有关的人；提供了许多学生乐于自愿接受，更多情况下是不知不觉接受的、有利于个性品质形成的机会和情景，并可促进良好的思想品德和个性品质迁移到学习、生活和工作等各个方面去，以收体育之效。

第二，在体育教学中，学生的思想感情和作风，很容易自然地表现出来。这有利于教育者把握学生的思想实际和特点，从而对他们进行有针对性的教育。体育教学中，进行思想品德教育的内容是极其丰富的，概括地说，主要包括：培养热爱集体的情感和意识，培养团结友爱、关心他人、互助合作的思想和意识，培养竞争意识、胜不骄败不馁的精神，培养坚忍不拔、勇敢顽强、机智果断等优良意志品质，以及心情开朗和愉快活泼的良好性格。

（三）教学目标的多元性

体育教学目标既有强身健体、提高运动技能的目标，又有调节情感、提高心理素质的目标，也有促进交往，建立和谐关系，规范运动行为，促进社会化等目标。体育教学目标受政治、经济的制约影响比较大，在特殊的社会背景下，往往还会出现代偿性目标。体育教学目标的多元性与其他学科教学目标相比，有过之而无不及。

（四）授课活动的复杂性

为提高教学的有效性，体育教师课堂教学特点非常突出。不仅需要组织有序得当，还需要调控学生的运动负荷；不仅需要言传指导，还需要动作示范；不仅需要具备一定的教学素养，还需要掌握运动技能。体育教师的教授不仅是体力活动，也是智力活动。体育教师不仅是知识技术的传授者，也是活动的组织者。由此可见，体育授课活动不是看着那样简单，较理论学科的授课活动要复杂。

（五）内容编制的制约性

体育教学内容不仅包括体育理论知识内容，还有身体锻炼内容和体育运动项目内容，各内容在教学中所占比重的多少，都将受到体育教学目标和教学时间制约。另外，虽然体育教学内容中有些运动内容之间逻辑性不是很强，但这些内容也不能随意编制，不仅要考虑内容的功能与价值，还要考虑学生的身心特点，还要切合当地和本校的实际情况。

（六）环境管理的重要性

体育教学大都在室外或体育场馆里进行，这些场地环境受外围影响比较大，特别是户外，还受季节和气候的影响。另外，学生在体育活动中流动性的特点，也使开放性的教学环境的管理更加复杂。教学的安全性、健康性、有效性等都要求重视教学环境的管理。

第三节　体育教学的任务与原则

一、体育教学的任务

（一）学习掌握体育的基础知识

使学生理解体育的目的任务和体育在教育中的地位和作用；学会基本实用的身体

锻炼的技能和运用技术；使学生掌握与了解身体锻炼的基本原理和科学锻炼身体的方法，以适应终身锻炼身体的需要。

（二）发展学生良好的思想品德

培养学生勇敢顽强和富于创造的精神，遵守纪律，团结协作和朝气蓬勃的体育道德作风；因势利导,全面地发展学生适应于社会和生活需要的个性；提高对体育的认识，培养经常参加身体锻炼的兴趣和习惯；陶冶美的情操。

（三）全面发展学生的身体

根据学生的年龄特点，有计划地进行各项内容的体育教学，以促进学生身体的正常生长发育和生理功能的发展。

上述三项体育教学任务是互相联系的统一的整体，它是通过体育的实践活动和理论讲授完成的。这三项体育教学任务，必须协调一致，全面贯彻，不可偏废。但在具体教学中，根据课的具体任务，教学要求和教材特点，而有所侧重，也是理所当然的。

二、体育教学的任务完成

要想在课堂上圆满地完成体育课的任务目的，用传统的教学方式很难达到教学大纲和教材对学生的要求。从时间上说，看一堂课学生锻炼和掌握动作质量的好坏，密度是关键的一环。如果将大量的知识技术传授给学生，而学生没有足够的时间去消化和掌握，那就很难使所传授的知识和技术转换成有效的课堂质量。由于动作的难度与动作的特殊方面，以及教师对动作、体态、语言表达的差异，使得教师在教某些动作时，很难使学生通过视觉、听觉准确而完整地了解动作的全过程，给课堂教学带来了一定的困难。

在语言与动作的结合方面，体育课上有很多动作往往是教师一边做一边进行解说。这对于慢做和那些可以分解的动作来说还是能够办到的。但对那些只能在快速而连贯的情况下才能完成的动作，就很难做到两全其美了。

因为场地、队形、视角、环境等问题，教师在某一动作时，就要在不同的地点、方向上反复多次地进行示范讲解，才能使所有的学生都能看清和听清动作的做法和要领。这就在无形中浪费了时间，加大了教师的工作量，减少了学生练习的时间。

为了解决体育课中存在的上述问题，很多体育老师都总结出了许多有效的方法。随着电化教学在各学科中的运用与推广，电化教学也以它快速省时、生动直观、图文并茂、信息量大、容易接受的特点为体育教师所采用。在室内理论课中，电化教学利用幻灯、投影、录像等电教手段将学生紧紧地吸引到了教材之中。在课堂上教师在连贯动作示范中无法做出停顿的一些动作，通过画面的定格处理，教师就可以很自然地加以解说。利用字幕和解说也可节省大量的板书和阅读时间，提高授课质量。

在新授课上采用电化教学，可以提高学生的学习积极性，集中学生的注意力，便于教师对学生的组织与管理。由于电化教学内容是事先制作好的，也就不会再出现教师在做示范动作时的失败和重复讲要领做动作的现象。学生可以在最短的时间里就看到最标准最完整的技术动作，听到最简练的技术要领，建立起真实、完整、逼真、系统的表象认识过程，使学生减少和不产生错误的动力定形。

复习课是学生对已学过的动作进行练习改进和巩固掌握。在复习课上使用电教手段可以加深学生对技术动作的认识理解，将感性认识上升到理性认识的高度。既可以将所学过的动作逐一定格让学生对照动作进行有针对性的练习，也可以放录音或录像让学生集体进行复习练习。这样不但巩固了所学的知识而且培养了学生协同一致的良好习惯，对发扬集体主义精神也能起到好的作用。

如果在上综合课时用"分组轮换"的形式进行组织教学，教师就可以集中精力辅导教授教材的一组，而进行复习的一组可以在电化教学的情景中进行自我学习。当教学中因动作本身的难度，教师无法亲身去做示范，学生对动作的方位距离、运动轨迹等空间概念产生疑问时，使用电教手段可以轻松地解决这一难题。如在跳跃练习中起跳后的腾空动作，电影、录像、幻灯都可以在不改变动作技术的情况下，运用慢放或定格的手法，将动作清晰地展现在学生面前，为教师在课堂中讲解动作重点、难点，提供了行之有效的手段。运用电化教学可以帮助教师整理数据资料。总之，要想使电化教学在体育课上运用得好、收效大，就需要做好以下几点：

第一，要根据教学内容、学生情况、课的类型、授课环境、场地器材、组织形式、教学程序、时间分配等条件，来选择电教设备、教学手段等。

第二，必须熟悉电教设备的性能、使用方法及实际操作，以确定选择内容和使用的具体时间。

第三，在备课时要将传统教法与电教手段相结合一同加入教案，要培养几名能够操作电教设备的学生做助手，以便在课堂上进行分组轮换时，学生能自己组织练习。

第四，课前要教育学生爱护公共财物，爱护电教设备，遵守纪律，保证课堂秩序。

第五，要充分利用电化教学的声响、画面、解说等手段对学生进行思想品德方面的教育，提高学生积极性，培养良好的自我锻炼习惯，使学生得到全面发展。

三、体育教学的原则

（一）体育教学原则的概念

"原则"一词，在汉语中通常指"观察问题、处理问题的准绳"。在教学论中，通常把教学原则定义为对教学的基本要求和指导原理。教学原则对整个教学过程都起着指导作用：第一，教学原则是指导教学活动的出发点，教师要根据教学原则来设计整个教学过程；第二，教学原则是实施教学的总调节器，在整个教学进程中，教师要以教学原则来调节、控制教学活动；第三，教学原则是判断教学质量的基本标准，教学质量的高低。从根本上来说，就看教学原则贯彻得如何。因此，每个教师和教学管理者都必须掌握教学论所确定的一系列教学原则。

基于以上对教学原则的分析，体育教学原则是实施体育教学最基本的要求，是保持体育教学性质的最基本因素，是判断体育教学质量的基本标准。

（二）体育教学原则提出的依据

1.哲学依据

这是最重要的依据。从所应遵循的哲学思想来说，最基本的是两条：一是唯物论，二是辩证法。

违反辩证唯物论，主观主义地杜撰出一些"原则"来的事物是不难看到的，硬要把某些只能在局部地方起作用的东西夸大为在任何地方起作用肯定行不通。

对事物的基本关系的分析，具体问题具体分析，这是辩证法的重要内容，这是避免片面性的重要方法，但片面性却常见，例如，直观性原则就是一条有片面性的原则。尽管直观在认识中有重要的作用，而且在教学活动中应当自觉地运用直观，但是，直观只能在有利于认识的启动和深入时才使用，不能为直观而直观。直观适用的范围并不是普遍的，大量的概念、原理是不可能借助直观手段的，"道德"这个概念你怎么去直观地解释？"是一个无理数"这个原理你怎么去直观地说明？这里的片面性也就在这样两点：第一，直观手段的普遍性有限；第二，直观与认识的关系，直观与抽象的关系，这是更重要的方面，但未涉及或未弄清楚。

2. 教育理论依据

按照整个教育科学领域的理论层次来说，应当是这样的。教育理论，从大的方面来说，有教育本质论、教育目的论、教育价值论、教育规律论、教师论、学生论、德育论、智育论、美育论、教学论以及德育体制与教育管理理论等许多方面。

教育目的论、教育价值论所要涉及的人的发展理论无疑对教学原则有重大影响。关于人的全面发展的目标是最基本的，教学应当体现教育目的是这一目标最重要的内容，这一点应为教学原则的制订所充分考虑，然而，传统的教学原则研究对此是比较忽略的。凯洛夫教学原则体系的重大缺陷之一亦在此，他提到的自觉性原则只是附带地涉及教学的教育目的。课程论、教师论、学习论，这些也是对教学原则制订有影响的。教学中的几个基本要素——教师、学生、教材，它们的相互关系及其正确处理是教学原则所应当回答的问题。传统的教学原则研究一般只从教师的角度讲，尽管教学原则必然主要为教师所掌握和运用，但应涉及教学中几个基本要素的关系。对于教材，系统性原则对之给予了部分的注意，特别给予注意的是结构原则。

（三）体育教学原则的作用

体育教学原则是体育教学过程中必须遵守的准则或标准。作为体育教学工作的指导原理和基本要求，体育教学原则对体育教学工作具有指导作用。在体育教学过程中，体育教学原则既是出发点，又是调节中枢。它在一定程度上具体决定着教学内容的安排、教学方法的选择和教学组织形式的运用。学习和掌握体育教学原则，能按照体育教学的客观规律组织教学活动，正确解决教学内容、教学方法和教学组织形式等一系列理论与实践问题；遵循体育教学原则进行体育教学，就能提高体育教学质量，反之，违背了教学原则，就会降低教学效果，甚至劳而无功。

体育教学原则作用的发挥，不是某个原则所能单独完成的，而是需要一个完整的体育教学原则体系以发挥整体功能。所谓教学原则体系就是指：反映教学规律的多个原则之间不是孤立分散的原理，而是有机地相互联系的组合。只有建立一个科学完整的体育教学原则体系，才能发挥体育教学原则对整个体育教学过程的指导作用。由于人们对体育教学规律认识的角度不同，在构建体育教学原则体系的过程中，有的从社会学的角度出发，有的侧重教育学，有的偏重心理学等。就如何建立一个完整的体育教学原则体系，目前的体育教育理论界认识尚不一致。

（四）体育教学原则

1. 自觉积极性原则

自觉积极性原则是指在教师主导下，充分调动学生学习的自觉积极性，发挥学生的主体作用，培养学生学习的主动性和创造性，把认真完成学习任务，变成自觉的行动。

确定自觉积极性原则的依据，这一原则所指的是，在教师主导下学生的自觉积极性。它是由教师的教与学生的学的双边活动过程的教学规律决定的。师生关系是体育教学过程中的一对基本矛盾，矛盾的主导方面是教师。因为教师是教育者，他们掌握比较丰富的体育知识、技术和经验，能满足教好学生的需要。在实施教学计划过程中，教师的教起着主导作用，它不仅表现在对计划的制订和执行上，而且还表现在对教学过程的调节和控制上。学生是教学的对象，是知识、技术的接受者，是学习的主体。但是，学生学习的自觉积极性不完全是自发的，还取决于教师的指导、传授、调节和控制。反过来，学生有了学习和练习的自觉积极性，又能主动地自我调节和控制，并与教师的调节和控制协调一致，才能保证预定教学目标的实现。所以，在体育教学过程中要把教师的主导作用与调动学生学习的自觉积极性很好地结合起来，这是提高教学质量的根本条件。贯彻和运用自觉积极原则的基本要求如下：

（1）了解和熟悉学生

教师必须了解和熟悉所教学生的特点和概况。要了解他们爱好什么、需要什么、擅长什么、有什么困难和不足，等等。这是教师搞好体育教学工作的前提。但是，真正做到了解学生是很不容易的。教师对学生的了解要做到"知人知面又知心"，能够做到这一点，关键在于教师，因为教师是师生关系中的主导者，教师不主动去了解和熟悉学生、关心学生，学生就不可能产生对教师的信赖，当然也就谈不上"知心"。只有做到"知人""知面""知心"，才会有调动学生自觉积极性的基础。

（2）发挥教师的主导作用

学生的自觉积极性不完全是自发的，还必须通过一系列细致工作才能充分调动起来。所以，要调动学生的积极性，必须发挥教师的主导作用。教师的主导作用，不仅表现在教学中，如教师通过讲解、示范、组织教学等手段，把学生引导到所教的内容上来，更重要的应该是给学生提供和创造一种良好的条件，使外因能顺利而迅速地转化为内因，从而调动学生的自觉积极性。

（3）建立民主平等、情感融洽的师生关系

体育教学过程中，教师要为人师表，教书育人，既要严格要求学生，又要满腔热情地关心与信任学生，使师生关系融洽和谐。感情息息相通。这种良好的人际关系，有利于学生能动地参加到体育教学中去。

（4）注意培养学生学习的内在动力

学生学习的内在动力，是鼓舞和推动学生的内驱力。教师应不断提高教学的艺术性和启发性，培养学生正确的学习动机和兴趣。动机是一切行为的前提，是推动学生学习、锻炼的心理依据。只有使学生形成了正确的学习动机，才能发挥学生的主体作用。

（5）培养学生自学、自练和自评的能力

自学、自练和自评的能力是养成学生经常参加体育锻炼习惯、培养终身体育锻炼意识的重要基础。在教师主导作用的前提下，要为学生自学、自练和自评能力的培养与发展，创设一个良好的外部环境，放手让学生独立自主、生动活泼、主动地学习与锻炼。

2. 直观性原则

直观性原则是在体育教学中，要充分利用各种直观方式和学生已有的经验，通过学生的各种感觉器官去感知事物，培养学生的观察能力和积极思维的能力，使学生获得直接经验和感性认识，为掌握体育知识、技术和技能奠定基础。

确定直观性原则的依据是辩证唯物主义的认识规律。从生动的直观到抽象的思维，并从抽象的思维到实践，这就是认识规律、认识客观实际的辩证途径。任何知识的来源，都在于人的肉体感官对客观外界的感觉。在体育教学中，学生掌握体育的知识、技术和技能，也是从建立感性认识开始的。首先，必须使学生感知所学的动作，在感知的基础上建立起完整的、正确的动作形象和概念，从而为学生掌握体育的知识技术奠定基础。贯彻和运用直观性原则的基本要求如下：

（1）综合运用身体的各种感觉器官，感知体育教材，扩大直观效果

在体育教学中除通过视觉、听觉来感知动作的形象、结构和要领外，还要通过触觉和肌肉的本体感觉来感知完成动作时肌肉用力的程度、方法，及空间与时间的关系等，以扩大直观教学的效果。

（2）充分发挥教师本身对学生的直观作用

教师自身的一切活动，都是学生观察的目标，特别是教师的动作示范、语言表达等都是学生获得生动直观的主要来源。学生模仿能力很强，所以，要求教师必须加强自身修养，提高体育理论和运动技术水平，重视动作技术示范的准确性和规范性。

（3）充分运用多种直观教具和手段

要借助于多种教学媒介和各种现代化教学手段，如模型、图片、幻灯、录像、录音、电影等，以发挥直观教学的作用。

（4）善于引导学生观察和激发学生积极思维的能力

直观性是通过学生直接观察运动动作的形象来实现的。学生在教师的指导下，通过分析、比较、弄清正在学习的与已学过的身体练习有何联系。辨别运动动作的技术结构，找出动作技术的关键，明确正确动作与错误动作的界限，从而形成运动动作的正确表象。同时还要防止一般化的观察和单纯形式的模仿。

此外，选择运用好各种直观位置和把握使用时机，也将会取得良好的直观效果。

3.因材施教原则

因材施教原则是指体育教师在教学中，既要面向全体学生，提出统一要求；又要根据不同班级和学生的个体差异区别对待，把集体教学和个别指导结合起来，使每个学生的才能和特长都能得到充分发展。

确定因材施教原则的依据是学生身心发展的客观规律及个体发展不平衡性。同一年级和年龄组的学生，他们的身心发展规律具有共同点，因而体育教学可以对他们提出统一的规格和要求。同时，同一年级和年龄组的学生他们的身心发展又存在着个体差异的发展不平衡性，如他们在身体形态、身体素质、运动能力、兴趣爱好、运动项目专长等方面都存有差异。这些不同点，又要求在统一的基础上，要注意区别对待，因材施教。贯彻和运用因材施教原则的基本要求如下：

（1）深入了解学生的一般情况和个体特点

这是进行因材施教的基础。教师要通过调查研究，全面了解班上学生的体育认识、兴趣爱好、思想品德、健康状况、体育基础、身体发展等多方面的情况。找出他们的共同点和差异，才能采取不同的方法，因材施教。

（2）面向全体，兼顾两头

教师要把主要精力放在提高学生的成绩。在制订教学计划、确定教学的目标和要求时，应该是大多数学生经过努力可达到的。同时，还要兼顾两头，解决"吃不饱"和"吃不了"的矛盾。对个别身体素质好，有体育才能的学生，要为他们创造条件，让他们参加课余体育训练，为提高专项成绩打基础。对体弱和身体素质差的学生，要热情关心、耐心帮助，使他们在原有的基础上逐步提高水平，完成教学要求。

（3）从客观条件的实际出发

教学中贯彻因材施教原则，还必须考虑学校的客观条件。不同地区、季节、场地器材设备条件，都会对体育教学起制约作用。教师在制订教学目标时，除了考虑教材、学生的特点、组织教法外，还必须考虑上述各方面的客观条件，这样才能更好地因材施教。

4. 身体全面发展原则

身体全面发展原则是指在体育教学过程中，教材内容的选择和安排要全面多样，使学生身体的各个部位、器官、系统的机能，各种身体素质和基本活动能力，都得到全面发展。

在体育教学中选择多种多样的不同性质的教材，采用多种有效的教学手段，有利于学生身体的全面锻炼和身体各个器官系统的机能得到协调的发展，养成正确的身体姿势。而长时间进行单一的、局部的锻炼，就得不到理想的锻炼效果，有碍学生健康。人体是一个完整统一有机体。人体各器官系统的机能、各种身体素质和基本活动能力之间，都是相互联系、相互制约和相互促进的，某一方面的发展，会影响其他方面的发展与提高。因此只有以身体全面锻炼为基础，才能促进学生全面协调发展。贯彻和运用身体全面发展的基本要求如下：

（1）全面贯彻教学大纲（或课程标准）提出的目标和要求

认真学习和领会国家教委颁布的学体育教学大纲（或课程标准）的精神，全面贯彻教学大纲所提出的目标和要求。制订全年教学工作计划和教学进度时，应注意各类教材和考核项目的合理搭配，保证学生身体的全面锻炼。

（2）身体全面发展的原则落实到课堂教学的全过程

课的准备部分，要全面多样；基本部分教材要进行科学、合理搭配，较理想的方案是，准备部分要以活动全身各部位肌肉、关节和韧带为主，使全身各部位充分伸展，为完成课的目标做准备；基本部分的教材，既有上肢为主的练习，又有下肢为主的练习，使学生身体得到全面、协调的锻炼和发展；课的结束部分，要做好放松活动，并布置课外体育作业，有组织地结束一节课。

（3）不断克服单纯从兴趣出发的倾向

体育教学中应激发学生的学习兴趣，使他们乐于上好体育课。古人说："知之者不如好知者，好知者不如乐知者。"因此采用一系列手段和措施激发调动学生的学习兴趣是必要的。但是，要把激发学生的兴趣，与单纯从兴趣出发两者区别开来。教师要善于引导，使学生对如何上好体育课和教师教学内容选择，有一个科学的、正确的认识。

5. 合理安排生理负荷和心理负荷原则

负荷包括生理负荷和心理负荷两个方面。合理安排生理负荷和心理负荷就是在体育教学中要使学生承受适当的生理负荷和心理负荷，并使练习与休息合理交替，以促进学生身心全面协调的发展。

确定合理安排负荷的依据：学生在体育教学中生理负荷和心理负荷变化的规律。从生理负荷变化的规律来看，人体功能的改善和提高，必须在适宜的生理负荷的刺激下才能实现。因此，在一定的限度内，生理负荷大，超量恢复的效果也就好，适应变化也加大；但如果生理刺激的强度过大，超过了一定限度，生理机能就会受到损害；而生理负荷刺激强度过小，对生理机能的发展也不会产生好的影响。

贯彻和运用合理安排负荷原则的基本要求如下：

（1）合理安排授课和复习课

学生的性别、年龄和健康状况不同，安排生理负荷时，要注意区别对待。不同性质的教材，应考虑它们对身体机能的不同作用和影响，做出科学安排。此外，学生的生活制度、营养条件和其他体力活动的负担、所在地区的气候因素及作业场所的环境条件等，在安排生理负荷时也应给予全面考虑。

（2）正确处理生理负荷的量和强度的关系

正确处理生理负荷的量和强度的关系，负荷量和负荷强度应互相配合，逐步增加。在体育教学中通常是先增加负荷量，待适应以后，再增加强度。在增加量时，强度宜适当下降。在强度再增加时，量则应适当减少，这样量和强度交替的增加和下降，密切配合，才能使学生承担负荷能力，逐步得到提高。

（3）正确处理生理负荷的表面数据和内部数据的关系

表面数据是指运动动作练习的量和强度。内部数据是指负荷量和强度所引起的一系列的生理、生化变化。生理负荷的表面数据与内部数据在通常的情况下是一致的。但因学生的体质强弱和身体训练水平不同，一定负荷的表面数据作用于不同的学生，可以产生不同的内部数据。因此，在分析生理负荷时，应把表面数据和内部数据结合起来，加以判断和评价。

（4）安排好心理负荷

安排心理负荷时，既要与教学进程相联系，又要与生理负荷相配合，使高低起伏，节奏鲜明，起到相互调剂，相互补充的效果。

（5）科学地安排休息的方式和时间

根据生理负荷和心理负荷的特点，科学地安排休息的方式和时间，以达到理想的效果。

（6）做好生理和心理负荷的测量、统计和分析工作

在评价体育课的质量时，既要安排生理负荷的测量，又要安排心理负荷的测量，以便从生理和心理两个方面进行全面的客观评价。

6. 循序渐进原则

循序渐进原则是指体育教学内容、教学方法和负荷的安排顺序，必须遵循系统性和连贯性的要求，符合学生的年龄、性别特征，使学生按照一定客观规律的顺序，逐步得到提高与发展。

循序渐进原则的依据：人们认识事物的规律、动作技能形成的规律和知识、技术的系统性和连贯性。在体育教学中，必须遵循由易到难、由简到繁、由已知到未知、逐步深化，才能使学生更好地掌握体育的知识、技术和技能。贯彻和运用循序渐进原则的基本要求如下：

（1）提高教师素养

教师要提高自己的文化素养，深刻了解学生身心发展的一般规律和特点，了解各项教材的系统性，以及各项教材之间的关系。

（2）制定好教学文件

制定切实可行的教学工作计划文件，保证教学工作系统连贯地进行。在制定教学计划文件时，每个运动项目、每次课、每学期的内容和教法，都应前后衔接，逐步提高。

（3）安排好教学内容

在安排教学内容时，既要考虑该运动项目的由易到难、由简到繁的顺序，又要考虑与其他运动项目之间的关系。先安排哪个项目，后安排哪个项目，要符合循序渐进的要求，使前一个项目的学习有利于后一个项目的学习。

（4）有节奏地逐步提高生理负荷

体育课中生理负荷的安排，应采取波浪式的有节奏地逐步提高。这是因为机体适应某种生理负荷需要有一定的时间。就一学年或一学期来说，应有节奏地交替进行不同负荷的体育课。本次课的生理负荷，应安排在前次课后的超量恢复水平上。但生理负荷总的趋势是逐步提高的。

7. 巩固提高原则

巩固提高原则是指在体育教学中，要使学生牢固地掌握所学的基础知识、基本技术和技能，不断地发展体能，增强体质，并逐步有所提高。

巩固提高原则的依据是运动条件反射建立与消退的生理规律。因为动作技术、技能的掌握、巩固和提高，是通过不断地反复练习而形成的。反复练习可以使运动条件反射不断地建立和巩固，并在大脑皮层建立动力定型。但是，动力定型建立以后，还要继续练习，不断强化，使动力定型更加巩固和完善，否则，已经形成的动力定型还会消退，从而影响教学效果。贯彻与运用巩固提高原则的基本要求如下：

（1）反复练习

组织学生进行反复、经常的练习，增加练习密度，反复强化，不断巩固运动条件反射，是贯彻巩固提高原则的基本方法。每次课都要使学生有足够的练习时间和重复次数。但是反复练习不是简单机械地重复，而是要在原有的基础上逐步提高要求，不断地消除动作的缺点和错误，使学生看到自己的进步，就能更好地激发起学生反复练习的自觉性，就更有利于学生巩固和提高所学的知识、技术和技能。

（2）采用提问、测验、竞赛等多种方式

采用提问、测验、竞赛等多种方式，是贯彻巩固提高原则的有效手段。在运用这些手段时，要根据课的目标和要求进行。提问要有启发性。在某一阶段的教学告一段落时，可采取竞赛的手段，观察学生在复杂多变的竞赛条件下，运用所学的体育知识、技术、技能的熟练程度。

（3）改变练习条件

改变练习条件，对巩固提高体育基本技术、技能起到良好作用。改变练习条件包括场地、器材及动作结构、环境条件等。如平地跑改为斜坡跑，改变器械重量和动作组合等。

（4）课内外结合

教师在课堂教学的基础上，可以布置一定的课外体育作业或家庭体育作业，使课内外紧密结合，达到巩固提高的目的。

（5）培养进取动力

不断提出新的目标、培养学生的兴趣和进取动力。

　　以上体育教学原则是一个完整的体系，应相互联系、互相补充，在体育教学中全面正确地贯彻执行。体育教学原则是一个发展的范畴。但是在一定的时期内，又具有相对的稳定性。随着体育教学实践的发展，人们对体育教学规律认识的不断深化，体育教学原则也将得到不断充实和发展。

第二章　高校体育教学理念

第一节　"以人为本"教学理念

一、"以人为本"教学理念概述

（一）"以人为本"的理论基础

"以人为本"教学理念的提出是在现代人本主义教育思想的基础上发展起来的。人本主义教育思想的产生，源于对现代科学发展中人对科学产品的使用和在智能化时代发展过程中的人的价值的思考。

进入 20 世纪后，随着科学技术的快速发展，科学主义成为当代教育发展的主流。20 世纪 50 年代的教育改革中，各种教学思想、教学观点层出不穷，其中，认知心理学和行为主义者对人性的认识分析带来困惑，教育工具化，接受教育、获取知识的兴趣的快乐体验无法得到重视，教育单纯成为人们获得更高技能与认可的一个途径。

也正是在科学技术不断发展的影响下，人类社会的生产生活方式和模式发生了很大的变化，科学改变生活，对人们启发很大，人们依赖科技，也会越来越受制于科技，因此在教育层面，人们也越来越强调"人本主义"，旨在将人从"器物"中解放出来。现代人本主义强调，应将人类从依赖科技中解放出来，恢复人在世界中的本体地位，而非依附于科技发展。

从社会发展中人的主体地位的体现到教育领域中对作为学习者、施教者的教学活动参与主体的"人"的重视，"以人为本"思想在包括教育在内的各个领域得到重视。

教育教学中的"以人为本"教学理念旨在将教学活动参与者从传统教学中的非人

性化的状态中解脱出来，恢复人的教学主体地位，强调了"人"的重要性。在教学中，真正关注教师、学生的自我的健康、可持续发展。

"人本主义"理论具有以下几个基本观点：①学习者是学习的主体，应受到尊重；②学习是丰富人性的过程，根本目的是人的"自我实现"。强调教育应促进教学参与者（尤其是学生）人格的完整，促进人的认知与情感的丰富、提高；③人际关系是最有效的学习条件；④"意义学习"是最有效的学习。

（二）"以人为本"的教学观点

"以人为本"肯定了人在教育中的重要作用，在教育教学实践的广泛应用过程中，体育教育工作者和许多学者逐渐总结概括出了以下几个观点：

1. 教育的目的是促进师生自我实现

首先，在体育教学中，学生的自我实现是要促进学生的身体、心理、智能、社会性等方面的自我发展，让每一个学生都能通过体育教学有所进步。体育具有多元教育价值，通过体育教学能促进学生的各种素质的综合发展。在"以人为本"的基础性理论人本理论的支持下，体育教育强调了在体育教学中不仅要重视健康知识和运动技能的学习，还要通过科学的体育教学环境创设和教学过程安排来促进学生的心理、情感、智慧、社会性发展，使学生情感和智力有机结合。教育学家卡尔·罗杰斯认为，体育教育的一个重要教学任务就是在体育教学中促进学生的认知与情感的共同进步与发展，通过体育教学，发掘和发挥每一个学生的学习潜能，培养学生在各个方面的创造性，最终所培养出来的学生应具有创新、创造意识与能力，这样的人才才是社会真正所需要的人才。

其次，在体育教学中，教师的自我实现最基本的就是能创造性地完成体育教学任务，在教学中实现作为教师的这一角色的价值，通过体育教学培养出适合社会发展的合格人才，促进学生的发展与进步。同时，在体育教学中，通过对体育教学的科学设计与各种丰富多彩的体育教学活动的开展和教学媒体媒介的应用来提高自己的教学能力、组织能力、社交能力、科研能力、创造力等，促进自我综合教学能力和体育素养的不断提高，实现自我职业生涯的不断发展，并能在日常工作和生活中身体力行地从事体育健身锻炼，不断提高自身的身体健康水平，并能对学生和周围的人形成一种潜移默化的影响。

2.课程安排应尊重学生的自由发展

在人本教育理念产生之前，传统的教育侧重社会价值和工具价值，必须认识到，人是教育的出发点，人本教育将教育的重点落实到人身上，关注人的健康成长。

体育教学所面对的教学对象是人，每一个人都与其他人存在个体差异，教育是旨在促进每一个人健康全面发展的基础上的个性化发展，因此，体育教学应在统一要求的基础上做到因材施教，教师必须要尽可能实现多种多样、侧重点不同的教学课程设计，使每一个学生都能在体育教学中有所进步与成长，通过科学体育教学活动组织与引导学生的正确、充分参与培养个性化的人才。

3.教学方法选用应重视学生情感体验

人本主义教学理论强调"以人为本"，主张教学以学生为中心，实现个性化发展，而学生的这种发展都是从学习经验中体悟和实现的，因此，这就要求体育教学中应重视科学化体育教学方法的选择，激发学生的体育学习兴趣，为学生创造良好的学习体验。

在"弘扬人的个性，强调以人为中心，尊重人的情感体验"的现代体育教学中，体育教师应全面了解学生、充分尊重学生、真正理解和信任学生，在此基础上，教师与学生之间的"高高在上""师命不可违"的关系才能彻底改变，才有助于教师与学生构建和谐的师生关系。而良好的师生关系的建立对于体育教学活动的顺利开展具有非常重要的意义。可以说，学生对体育学习的态度、个人爱好、获得学分是重要动机，来自教师的个人魅力因素也具有重要影响。此外，师生的和谐关系建立也有助于教学活动中师生能够更好地配合，从而提高体育教学的质量。

二、"以人为本"教学理念的高校体育教学指导

（一）定位体育教育价值

在全球化的发展背景下，各种思想文化处在不断的发展和融合之中，教育思想也呈现出这一发展趋势，人本理论和"以人为本"教育理念的提出体现了当代社会对人

的发展的重视，在体育教育教学领域，当前的学校体育更加强调人性的回归，学校体育的根本出发点和落脚点应是"育人"。

现代高校体育教学中，"以人为本"教学理念是符合当前时代的发展要求的。当前社会，人的发展在社会的各个领域受到了重视，即使是在智能时代，很多机器生产代替了人工生产，但是发明机器、操控机器的还是人，人在人类社会的发展中是起到关键作用的，任何时候都不能忽视人的作用。

人本主义教学理念与思想指导下的体育教学，就是要求教育者在体育教学活动开展过程中关注作为教学对象的学生这一因素，教师的教学活动开展需要学生的参与、配合，如果没有学生的参与，则教学活动就没有开展的意义了。

必须提出的是，教师也是教学活动中非常重要的参与一方，也是应该受到关注的人这一要素。体育教师在教学活动中所发挥的作用也不容忽视。

现阶段，我国的体育教学思想呈现出多元化的发展趋势，诸多教学思想都围绕"人"的教育展开论述，讨论了体育教学中如何更好地促进和实现"人"的发展。

（二）体育教学目标的重构

随着体育教学的不断发展，新的科学化的教学理论、教学理念给了体育教育工作者更多的教育启发与指导，体育教学的育人作用被不断丰富和发展，多元化的学校体育价值体系对体育教学目标重构提出了要求。

当前，"以人为本"教育理念在学校不同学科的教学中广泛应用并渗透，也有越来越多的学者认识到传统的体育教育体制不再适合当前的体育教育教学，不能单纯地追求学生的外在技能水平，而应该重视学生的全面、健康、可持续发展。当前体育教学的重点转移到"以人为主"上，在体育教学中，教师必须认识到，人是运动的参与者、是运动的主体，体育运动的教学和训练也必须以促进人的全面发展为根本目标。

（三）学生教学主体观的建立

现阶段，"以人为本"教学理念成为我国体育教学的重要教学理念，我国的体育教学实践活动开展过程中，越来越多的教师开始关注学生，从学生的特点、条件、基础和学习需要出发来选择教学内容、选择教学方法、选择教学组织形式与教学模式。

高校体育更多以选修课形式设置，教师也正是通过个人教学能力和对学生的"因材施教"和关心关爱学生、研究学生获得学生喜欢，以此来促进更多的学生来选修自己的体育课程。

总之，学生是教学的主体，没有学生，教学也就不复存在。

（四）体育课程内容的优选

传统体育教学对学生的全面健康发展关注不够，体育教学课程内容主要是竞技体育运动技能，体育教学课通常被体能训练课、技能训练课代替，目前的"以人为本"教学理念重视学生的全面、健康、个性化发展，在体育教学内容选择上，也更加科学。

在"以人为本"教学理念指导下，我国的体育教学有了很大的进步与发展，为了进一步促进我国体育教学的改革，教育部门先后修订各级学校体育教学大纲，强调在体育教学中要不断丰富体育教学内容，通过多样化教学内容旨在促进学生的身心健康与全面发展。高校体育教学中，教学活动开展也建立在落实"健康第一"的教学理念的基础上进行，通过丰富的体育教学内容来吸引学生参与体育锻炼，通过体育教学促进学生身心健康发展，而非只关注竞技能力提高。

此外，在丰富高校体育教学内容的同时，"以人为本"教学理念还强调体育教学内容与不同大学生的发展需求相适应，在体育教学内容优选中应注意以下几点要求：

第一，突出体育教学内容的趣味性，在课程改革过程中，激发学生学习的兴趣。

第二，强调体育教学内容的健身性，过度强调竞技技术提高的体育教学内容予以摒弃或改编，使之能更好地为促进高校大学生的身体健康服务。

第三，重视体育教学内容的适用性，体育教学内容的教学实施应有利于学生的当前身体健康发展，并能为高校大学生的终身体育意识和体育能力的培养奠定基础。

第四，关注体育教学内容的创新性，高校体育教学内容还应适应现代化社会发展潮流，应具有启发性、创新性，促进高校大学生的创新意识和能力培养。

第二节　"健康第一"教学理念

一、"健康第一"教学理念概述

（一）"健康第一"的理论依据

从世界范围来看，"健康第一"教学理念的提出是符合世界教育发展趋势和社会对人才的发展要求的。

1.世界范围内对人类健康发展的重视

在人类社会的发展历程中，健康始终是一个备受关注的课题。人类健康是推动人类社会发展的一个必要条件。

随着国际的大众健康交流日益增多，各国和地区都非常重视本国和地区的大众健康发展，整个社会已对体育的功能、价值等方面形成了全新的认识，在教育领域，重视学生的健康发展，成为各个国家和地区重视本国体育事业和教育事业发展的一个重中之重，体育健康教育对增强青少年体质健康水平和通过青少年群体影响周围群众健康、实现青少年进入社会成为社会体育人口间接增进社会大众健康具有重要而深远的影响。

2.社会发展对人才健康发展的客观要求

随着科学科技的不断进步、经济发展迅速、社会生活节奏日益加快，人类的体力劳动越来越少了，长时间伏案工作所造成的"运动不足""肌肉饥饿"严重影响了人们的身体健康。

在当前和未来社会的发展过程中，健康问题将始终是影响个人和社会发展的一个首要问题，社会的快速发展与激烈竞争要求现代人才不仅要有正确的政治思想，具备扎实的科学知识和能力，还必须具备强健的体魄，"身体健康是其他一切健康的基础"，身体健康是个体生活、学习、工作的基础，社会竞争对劳动力的基本要求就是身体健康。要想在竞争中立于不败之地，必须首先拥有一个健康的体魄。

教育的最终目的是促进个人的健康发展、培养符合社会发展的合格人才，对学生群体的身体健康教育是体育健康教育的重中之重。

（二）"健康第一"的教育特点

"健康第一"教育理念内涵丰富，其在体育教学实践中表现出以下特点：

1. 强调身体健康是健康的基础

"健康第一"，其中所提到的"健康"是全面的健康，是包括身体健康、心理健康、社会健康、生殖健康等在内的多维健康，健康的基础是身体健康。健康的体魄是人类发展的基本标志。教育应首先关注健康教育。

2. 强调多元健康发展的素质教育

"健康第一"作为一个现阶段的重要的先进教育理念的提出，强调体育教育应重视学生的健康发展，指出学校教育教学的首要目标是促进学生的健康成长，学生的身心健康比"卷面分数"更为重要。

3. 强调健康教育的全面性

（1）学生身体健康教育

在"健康第一"指导思想指导下，高校体育教学应时刻关注学生的各方面健康的综合发展，通过体育教学，关注和促进学生的身体健康发展，也促进学生的心理和社会性的发展，为学生奠定良好的身体基础、心理基础，并能在走出校园走进社会之后能有良好的身心健康状态和水平应对生活、工作、再教育中的各种挑战。

（2）学生心理健康教育

现代社会竞争日益加剧，各种社会竞争要求社会生活中的每一个成员都应具备良好的心理素质，如此才能正确地看待、应付学习、生活、升学、就业、恋爱、婚姻等过程中的各种问题。体育具有促进运动者健康心理形成和发展的重要作用，现代大学生压力大，也容易受不良因素影响，高校体育教育应关注大学生的心理健康发展，通过体育教学活动开展，促进大学生心理健康发展。

（3）学生社会性发展教育

体育是一种独特的教育形式，学校体育教育可促进学生的社会性良好发展，应该在教学中有意识地培养学生的人际关系建立、竞争与合作能力。

因此，在高校体育教学活动开展中，深入挖掘体育的教育价值，在体育教学实践中充分贯彻"健康第一"的教育理念，切实促进学生身心健康、全面发展。

二、"健康第一"教学理念的高校体育教学指导

（一）树立体育教育新观念

"健康第一"教学理念对我国的体育教育的最重要的影响就是教育重点和方向的转变，当前贯彻"健康第一"教学理念，就必须转变体育教育观念，改变竞技化体育教育，关注学生身心健康发展。应该把教育的重心从单纯地追求学生的外在技能水平向追求学生的全面协调发展转移。

新时期，不断强化高校体育教育教学改革，必须落实健康教育，每一个高校、每一个高校体育教育工作者，都应该形成正确的体育价值观、培养良好的意志品质，不断完善性格特征。总之，现代科学化的体育教育应该将体育教育工作理念从以往单纯的"增强体质"为主转移到"健康第一"的新型教育观、发展观。

现阶段，社会发展对人才的要求是全面化的，一名合格的社会人才应该是健康发展的人才，身体健康、心理健康、社会性健康等，缺一不可。

（二）明确体育健康教学目标

在当前的体育教育教学实践中，"育人"是学校体育教学工作的最根本目标，技术教育和体制教育并不能完全作为学校体育实践的重心，"健康第一"的教育理念为促进我国高校体育目标多样性、多层次的建构提出了新的要求。具体如下。

第一，高校体育教育应重视加强学生的体育文化知识教育，提高学生体育文化素养。

第二，高校体育教育应充分融合健康、卫生、保健、美育等多种教育内容，通过内容全面的体育教育来培养学生健康的体育意识、健康的娱乐休闲习惯，远离可能影响个人身体健康的一切不健康因素和事件的影响。

第三，高校的体育教育工作的开展应紧密结合学生生长发育与生活实际开展健康教育，使学生会自我保护，预防疾病发生。

第四，高校体育教育应重视大学生青春期教育和心理健康教育，作为健康教育的重要内容来抓好，为学生在特殊时期的健康成长提供科学指导。

（三）完善体育教学课程体系

深化高校体育教学课程体系改革是促进高校体育教学发展的一个重要和有效途径，要贯彻落实"健康第一"体育教学理念，就必须在体育教学课程体系建设方面做好工作，不断丰富体育教学课程体系内容，以更好地满足当前高校大学生的多元化、个性化的体育健康发展需求。

在"健康第一"教育理念影响下，我国的高校体育教学课程现状发生了很大的改变，如体育课程内容的增加，教学方法的不断丰富、学校体育课内与课外活动的有机结合，体育选修课越来越考虑大学生的学习爱好与需要，体育课程与内容设置针对不同专业学生凸显出了专业特点等。

现阶段，要继续贯穿"健康第一"教学理念，建设更加完善的体育教学课程体系，应持续做好以下工作：

第一，在高校体育教学中，应始终坚持以学生为主体，将学生的身心健康发展放在首位，所有教学活动的开展都应围绕促进学生的健康发展服务。

第二，调整体育教学内容，充分了解学生的特点和需求，对体育教学大纲所规定的教学内容进行科学选择，对与本校实际教学情况和本校学生不适合的教学内容进行调整，使体育教学内容能更好地从理论落实到教学活动实践中。

第三，丰富体育教学内容。通过丰富的体育教学内容吸引高校大学生的体育学习与体育参与兴趣，通过丰富的体育教学内容满足大学生的不同体育学习需求。

第四，重视教学内容的因地制宜，根据本地区气候、资源以及学校自身教学特点来进行特色化的体育教学课程设置，并研究推出更能反映本校学生健康发展的健康检测内容与标准。

第五，重视高校大学生课内体育教育与课外体育活动的有机结合，加强体育课对学生的教育意义和提高学生对体育课的兴趣，并使学生养成科学合理的作息习惯、健身习惯，在课余时间也能科学健身，保持健康的生活方式。

（四）重视体育教学方法优化

良好的体育教学效果的开展受到体育教学方法是否正确的影响，在高校体育教学中，有很多体育教学方法可以供教师进行选择，不同的体育教学方法有不同的特点，同一种体育教学内容的展现可通过多种教学方法来展现给学生，体育教师应该判断出哪一种教学方法是最合适的，这样可以促进教学方法应用的最优化，进而促进体育教学效果的最优化。重视体育教学方法优化，要求体育教师具有良好的体育教学能力，有能科学选择各种教学方法、有效应用各种教学方法的能力。

（五）教学评价体系的完善

在"健康第一"思想的影响下，体育教学的评价应以学生的体质增强、身心健康发展为重要评价指标，完善体育教学评价体系。

"健康第一"教学理念指导下的高校体育教学评价体系的科学化构建与完善，具体要求如下：

第一，对学生的全面评价中，要重视对多方面的教学效果进行量化分析，并且将定性评价和定量评价相结合，提高教学评价的科学性，促进学生能更好地认识自身的不足以及获得学习的动力。

第二，对学生的全面评价中，要做到评价内容的全面、评价指标的全面、评价方法的全面，还有尽量做到邀请不同的评价主体进行评价。

第三，体育教学不仅注重对学生进行全面的评价，还注重对教师教学方面的评价。

第三节　"终身体育"教学理念

一、"终身体育"教学理念概述

（一）"终身体育"的基本内涵

"终身体育"教育思想的形成是人类自身和社会发展的必然。终身体育包括两个方面的内容：一，终身教育贯彻人的一生，从出生开始一直延续到生命的结束，在人的一生中，都应养成参加体育锻炼的习惯，体育是日常生活的重要组成部分；二，终身体育是科学的体育教育，在人的一生中的不同的阶段，都有正确的价值观念来指导和引导个体参加体育活动，并通过体育活动的参加实现身体的健康发展，终身受益。

具体可以从以下几方面来理解终身体育：①时间方面，贯穿于人的一生；②内容方面，项目丰富多样，选择性强；③人员方面，面向社会全体公民；④教育方面，旨在提高全民体质健康水平。

学校"终身体育"教学思想的树立和形成能有效促进我国体育教学的发展，是所有运动项目的体育教学都应该树立的一个正确教学思想和观念。

要切实推动终身体育教育理念在高校的贯彻落实，教师在推动"终身体育"教育思想的落实方面具有非常重要的责任与作用。调查发现，在学生对于体育运动的参与方面，有很多学生受到教师的影响，特别是教师业务水平的影响，教师应在教学中和课堂外都提倡学生积极参与体育锻炼。

在体育课堂教学中，教师应关注学生终身体育意识和能力培养，不能只关注和过于重视技术、技能教学。

在体育课堂外，教师可以组织学生开展各种体育活动、体育游戏，对高校大学生体育俱乐部活动的开展，教师应鼓励，并给出指导性意见和建议。

（二）"终身体育"的思想特征

1.体育锻炼时间的终身性

"终身体育"是一种先进的教育理念，其最为重要的一点就是它可以令个体一生受益。

从教育功能作用于个体的影响来看，"终身体育"突破了传统的学校体育目标强调学习和掌握运动技能的观念，打破了传统的体育教学把人接受体育教育的时间仅仅局限在在校学习期间，而是将体育教育时间大大延长，囊括了人的一生。

"终身体育"教育理念强调体育教学应符合学生生长发育、心理健康发育的客观规律，以及健身的长久性，注重培养学生对体育的爱好、兴趣，养成锻炼的习惯和能力，强调体育参与的终身参与、终身受益。

2.体育锻炼群体的全民性

"终身体育"的体育对象指接受终身体育的所有人，每一个社会成员都应该积极参与，"终身体育"是面向全体社会成员的，从学生在学校体育教学中逐渐培养起体育锻炼意识到走出校门走进社会之后能持续参与体育锻炼，为以后的整个人生参与体育锻炼奠定良好的基础。因此，终身体育教育的主体并不局限于在校学生，而是面向所有民众，应做到全民积极、主动参与。

从一种体育发展理念演变为一种体育教育理念，"终身体育"教育理念的教育对象是面向整个人类社会的成员的，"终身体育"教育不仅仅局限于学生，也包括社会大众。

体育教育是一个需要长期坚持的系统工程，生存、健康是社会和时代发展主流，健康是人们生存生活的重要基础，体育健身与生活是密不可分的。因此，无论个体的年龄、社会身份发生怎样的变化，都应该成为"终身体育"的教育对象。

3.体育锻炼目的的实效性

"终身体育"以适应个人发展和社会发展为根本着眼点的。因此，终身体育参与必须要做到因地制宜，因人而异，不同的人应结合自己实际选择具体锻炼内容、方式、方法等，同时，应融入日常的生活、学习、工作中。

在现代社会生活中，人们为了改善自己的生活质量，根据自身条件合理选择适合自己的体育方式，做到有的放矢，具有较强的针对性和实效性。

在高校体育教育教学中，体育教学的内容选择、方法运用都应为提高学生的体育知识、体育技能服务，不断提高学生的终身体育意识和终身体育能力，如此，在大学生毕业进入社会后，也能持续参与体育健身锻炼。

（三）"终身体育"与体育教育

1.终身体育与学校体育的相同点

（1）共同的体育目标——育人

体育具有多元教育价值，无论是终身体育参与还是体育教育的体育活动参与，其最终目标都是为了实现体育运动者的体育、智育、德育、美育等多元教育价值，更好地促进运动参与者的健康全面发展。

健康的身体是其他健康的前提条件，学校体育教学就是要培养学生的终身体育意识与能力，以为其健康的一生更好地实现个人价值和社会价值奠定健康基础。

（2）共同的体育手段——健身

终身体育活动参与和体育教育都是通过体育运动健身参与来实现体育的教育价值的，最终的个体行为也都落实在体育健身活动上面，终身体育强调个体应养成终身参与体育锻炼的习惯，在人生的每一个阶段都积极参与体育健身锻炼。体育教学以学生的身体练习为主要教学手段，通过身体活动促进身心、社会性全面发展。

（3）共同的体育任务——掌握体育知识，提高运动能力

个体的终身体育健康参与，离不开科学体育知识做指导，离不开体育健身锻炼实践活动参与，而同时，体育知识与体育技能的掌握，也是高校体育教学的重要任务，只有掌握这两方面的内容，才能更加科学地去从事体育健身实践活动，才能通过身体力行的体育活动参与实现运动者的身心健康全面发展。

2.终身体育与学校体育的区别

（1）体育参与时限不同

终身体育贯穿人的一生，学校体育只负责学生在校期间的体育教育。

（2）体育教育对象不同

终身体育以全社会所有成员为教育对象，学校体育以在校学生为教育对象。

二、"终身体育"教学理念的高校体育教学指导

（一）转变传统体育教学思想

"终身体育"教学思想指导下的高校体育教学，应该在体育教学内容、体育教学方法、体育教学评价等各方面都要做到以培养和提高学生的体育终身意识和能力为标准，通过与学生日常生活、学习、工作关系更密切、关联程度更大的体育项目教学，培养学生的运动习惯，而不是仅仅关注学生的运动技能掌握情况。

高校体育教育教学过程中，教师应将体育教学达标标准的制订从单纯和过度关注技能指标的思想观念中解放出来，关注学生的体育价值观、体育态度、体育意识、体育行为习惯，如此才能真正有针对性地开展体育教学，才能真正实现终身体育教育。

"终身体育"教学理念是高校体育教学改革的指导思想，也是高校体育教学发展的落脚点。

（二）重视学生终身体育意识的培养

个体的体育活动参与行为的实现，必须建立在对"终身体育"教育理念有一个正确的认识的基础上，"终身体育"意识是高校大学生主动进行体育学习、体育参与的重要内部驱动力和动机。

当前社会，社会节奏快、生活压力大，每一个人都面临着各种各样的生理和心理负担，要获得高质量的生活，就必须确保身心健康发展，体育运动能有效促进运动者的身心保持良好的状态，终身体育对于学生的身心素质发展具有重要促进作用。学生走进社会之后，在社会上面临的各种压力并不比学生时代少，甚至要更多，体育健身锻炼是一种身心压力释放、身心健康状态重塑的过程，对运动者保持良好身心状态迎接生活、学习、工作挑战是非常重要的，可以有效提高个人生活质量，提高学习、工作效率。

终身体育活动参与对于个人的社会性发展是具有重要的促进作用的，大学生坚持体育健身锻炼，能有效增强身心适应能力，可以在毕业步入社会后更好地适应社会，提高自己的抗击压力的能力。

现代高校体育教学实践中，要培养学生的终身体育意识，要求教师应做好以下教育引导工作：

第一，引导学生树立正确体育价值观。

第二，端正体育学习态度。

第三，将素质、技能、知识、能力等教育内容渗透到终身体育教育中。

第四，通过体育教学丰富学生的体育知识、体育技能，提高终身体育参与能力，为终身体育锻炼奠定基础。

（三）丰富终身体育教学内容的设置

学生的个体差异性决定了学生的体育兴趣爱好不同、所适合从事的体育运动项目不同、所渴望学习的体育运动知识与技能不同，因此，在高校体育教学中，不能只追求学生某一特定的运动技能和运动的熟练程度，而是重视不同学生的不同体育发展需求，尽可能地丰富体育教学内容，使体育教学内容项目、层次多样化。

"终身体育"教学理念指导下的体育教学内容丰富化教学工作要求如下：

第一，延伸与拓展学校体育课堂教育，使学校体育向终身体育延伸。

第二，不同教学内容的课程目标设置应在充分了解与分析学生的现状的基础上进行，以体育课程终身体育教学目标为导向组织体育教学。

第三，选用体育课程内容时，应重视对休闲体育项目、时尚体育项目的引进，开展能够激发学生体育兴趣和潜能的体育活动。

（四）关注学生需求与社会需求的统一

"终身体育"旨在为学生提供一种健康的生活态度与生活方式。对于任何人来说，身体健康都是个体适应现代社会生活、工作、发展的必要条件。

高校体育教育的终身体育教育理念的贯彻，就是要在培养符合社会发展的合格人才的基础上，促进学生的个性化发展，实现学生的社会价值与个人价值的共同发展。高校终身体育教育对学生需求与社会需求的统一性的实现，要求应做好以下工作：

第一，重视国家需要、社会需要与学生个体需要的有机结合。

第二，明确学生需要与社会需要的彼此地位。这是正确处理学校体育发展与社会需要适配性的关键问题。

第三，重视体育教育的健身价值与人文价值的实现，重视体育知识、体育技能、体育习惯的共同培养。

第四，围绕学生开展体育教学，充分满足学生的学习和发展需求。

第五，全面提高大学生的体育素养，以符合社会发展对人才的体质、体能、知识、精神、道德要求。

"终身体育"教育有四个支柱，即"学会认知、学会做事、学会生活、学会生存"，但应充分考虑"终身体育"与"以人为本""健康第一"的有机结合。

第三章 高校体育教学质量保障体系

第一节 高等教育发展的理论和大众化的质量观

一、马丁·特罗的高等教育发展理论

美国现代教育社会学家、伯克利加州大学的马丁·特罗教授,从20世纪六七十年代开始,就把高等教育大众化作为研究课题,先后出版了《从精英向大众高等教育转变中的问题》《从精英到大众、普及高等教育》等多篇知名文章,并提出了高等教育发展的"三段论""四条路径说"。他建议:当一个国家的高校的毛入学率(高校招收的学生数占到了一定年龄的年轻人的比例)低于15%时,就是精英高等教育(Elite)。

他认为,由精英向大众的转变,并不代表以前的形态与方式就会完全消亡,只是随着整个高等教育向下一阶段的发展,其作用会越来越多元化。因此,3个层次的高等教育发展是一个连续性的过程。在"大众化"时期,高校中的"精英"和"大众化"同时存在,二者相互补充,但高校中的"精英"职能仍然存在;在普及阶段,精英院校和大众院校三者同时存在,并互相促进。

表3-1 高等教育发展三阶段的量和质的11个维度变化

维度	精英阶段	大众阶段	普及阶段
高等教育规模(毛入学率)	15%以下	15%~50%	50%以上
高等教育观	上大学是少数人的特权	一定资格者的权利	人的社会义务
功能	塑造人的心智和个性,培养官吏与学术人才	传授技术与培养能力,培养技术与经济专家	培养人的社会适应能力,造就现代社会公民

维度	精英阶段	大众阶段	普及阶段
课程	侧重学术与专业，课程高度结构化和专门化	灵活的模块化课程	课程之间、学习与生活之间的界限被打破，课程结构泛化
教学形式与师生关系	学年制、必修制，重视个别指导法 师徒关系	学分制讲授为主，辅以讨论 师生关系	教学形式多样化，应用现代化手段 师生关系淡化
学生的学习经历	住校、学习不间断	走读、多数学生的学习不间断	延迟入学、时学时辍现象增多
学校类型与规模	类型单一 每校数千人 学校与社会间的界限清晰	类型多样化 三四万人的大学城 学校与社会间界限模糊	类型多样至没有共同的标准、学生数无限制、学校与社会间的界限逐渐消失
领导与决策	少数精英群体	受政治、"关注者"影响	公众介入
学术标准（质量标准）	共同的高标准	多样化	"价值增殖"成了标准
入学与选拔	考试成绩、英才成就	引进非学术标准	个人意愿
学校行政领导学校内部管理	学术人员兼任 高级教授控制	专业管理者 初级工作者人员和学生参与	管理专家 民主参与 校外人士参与

二、高等教育大众化的教育质量观

高校的教学质量问题是一个永恒的话题，在各个历史阶段，我们都应该根据自身所面临的问题来重视，并建立起与之相适应的质量观。如果没有正确的观念，就不能正确地解释大学行为的合理性，不能使大学的功能得到充分的利用，人们对大学的种种期待自然也就不能得到满足。从世界各国的发展历程来看，当一个国家的经济、社会的生产力达到一个相当高的水平时，其人才的素质问题将成为影响我国高等教育普及化的一个关键问题。由一元化向多元化、由精英化向大众化转型，将对我国高等教育乃至我国高等教育的改革和发展起到积极的促进作用。教育质量观念是一个人在一定的历史环境中作出的一种价值抉择。随着高等教育步入了大众化的发展，我们应该从观念上改变对高等教育质量的认知，要将传统的"唯知识质量论"和"西方流行的唯能力质量论"转化为包含了知识能力在内的"素质质量观"，将精英教育时期的教育质量观转化为大众化阶段的教育质量观，如表3-2所示。

高校的办学理念和办学理念的转变必然要求高校的办学理念发生相应的转变，这种转变必须贯穿于高校办学的全过程，才能确保高校办学的持续健康发展。

表3-2 高等教育大众化时代的教育质量观

划分依据		教育质量观
从知识、能力、素质的角度	知识质量观	传统的教学质量观念是一种以"多与浅"为首要，在教学中已经形成了一种"质"的观念。上大学即为"读书"，而读的书愈多愈深刻，则说明受过的教育愈好
	能力质量观	20世纪80年代中叶，随着社会就业单位对应届毕业生的实际应用能力普遍偏弱，以及西方教育理念注重能力的重视，"能力重于知识"的理念在高校兴起，教育工作者对只注重知识而忽略能力的做法进行了深刻的反省，并提出了强化能力的建议。从"知性"到"能性"的转换
	全面素质质量观	要知道，在高等专业技术人员的培训中，最关键的就是要有足够的学识和能力。但是，从广义上讲，知识和技能都是智力培养的一部分，智力培养只是素质培养的一部分，而非全部。高校的教学只注重培养学生的知识和能力，忽视了学生的非智力，这与培养学生的综合素质是背道而驰的。为此，我们要改变以往的知识质量论和曾经盛行的能力质量论，而代之以知识和能力的综合质量论。"素质"的含义应该是一种综合素质，一种人文科学的综合品质。
从高等教育自身发展的角度	发展质量观	发展的质量观包含三个方面的内涵：一是把发展作为中心，把发展作为服务于发展的质量观；第二，坚持以发展的观点，以发展的视角审视高校的发展，并以发展的方式来处理高校发展中存在的问题；第三，从本质上讲，质量观是不断变化和发展的，不能死死抱着一成不变的观念不放
	适应性质量观	大学教学质量的适应性是大学教学过程中，大学教学过程中对学生自身素质的要求，也是大学教学过程中对学生自身素质的要求。大学也有自己的目标市场，无论是在教学方面，还是在学生方面，只要能与其需求相匹配，达到其需求，那么一所大学就算是优质的了。
	整体性质量观	在现代社会中，尽管高等教育依然以培养人才为主体，但是其职能范围和活动空间已经被大大拓展，它已经变成了一个以人才培养为中心，由培养人才、发展科学与文化、直接为社会服务等组成的职责和活动体系。大学教育质量的总体观念包含了两部分内容：一是大学教育质量的总体观念；第二，对高等教育的各项职能和责任进行全面的分析
	多样化质量观	多元化发展是实现我国高等教育大众化发展的必然选择。当前，高校人才结构的多元化主要体现在以下几个方面：一是人才结构的多元化；第二，多元化的人才培养需要；第三，学校经营的主体与方式因多渠道融资而产生的多元化；大众化的高校具有多元化的特征，这就需要建立一种与之相适应的多元化的高校质量观。
	特色化质量观	在这个高度竞争的时代，一所学校要想生存和发展，必须要有自己的特色。高校的需求主体既有雇主，也有大学生，二者需求的多样化和个性化要求每一所高校都要有自己的特点。高等教育大众化正逐步向多元化、多样化和多层次的质量标准转变，只有每个高校培养的人才具有丰富的特点，才能让不同学校的学生在知识、能力、素质等方面各有个性，并在个性化的活动中创造出丰富多彩的世界。可以说，有个性才有创意，有个性才有品质

因此，为使我国高校能够更好地与世界高校的发展相协调，我们应该转变思想，在新的时代背景下，建立一种新的、符合我国国情的、以人为本的教育质量观。21 世纪对学生素质的要求是既要有人文科学素质，又要有创新精神，又要有实际的实际能力，同时还要有知识和能力。第二是对发展质量的看法。发展是一个重要的原则，它既包括发展，又包括提升。第三，质量观念的适应。高校必须满足人民对人才的要求，才能为人才的发展提供更多的人才。第四，质量的整体观念。高校的教学质量应从多个角度进行度量，不应以单一的指标为标准。第五，质量观念的多元化。对各层级、各类别的人才，不能以一个统一的标准来代替。第六，质量观念的独特性。个性代表着品质，代表着生活。

第二节　体育教育专业办学的规模与基本条件的变化

一、体育教育专业办学规模的变化分析

首先从体育课这个角度来看，综合类高校和一些专业类高校成立时间比较长，所以在体育课的基础上，如运动课、体育课等都具有很强的竞争力。但是，因为它的教师结构是为公共体育课而配置的，因此，不管从师资配置的角度，还是从培养体育教育专业的师资的经验来看，都不具有显著的优势。高等职业技术学院在高职高专院校中开设过多的体育专业，存在着重复建设。这样的情况，将给高等职业院校的体育教学工作带来不利的影响。

再次，高校之所以设置社科类专业，主要原因在于高校设置社科类专业的必要性，即"其他高校已有社科类专业，我们亦应如此"。若真如此，则不免令人对此问题提出质疑。在开设社会体育专业时，我们要将各个地区的经济发展水平、体育产业市场、体育休闲健身市场的发达程度以及社会现实中可以提供的工作岗位等因素进行考量。

二、体育教育专业办学条件的变化分析

随着高等教育的普及，高校的招生数量得到了极大的增长，同时也极大地提升了

高校的规模效益，同时也解决了部分群众上大学、接受更高水平的教育的需求。高校办学水平的高低直接关系到人才培养水平的高低。在大众型的教育中，要确保优质的人才培养。但是，目前的实际状况是，我们的高校教学水平还不高，教学水平还有很大的提升空间。

（一）生源的质量情况

学生资源是一所大学的根本，也是一所大学的前提。一方面，伴随着高校的扩大，学生的素质高低成为了社会和学者们讨论的热点，同时，学校条件也是获得高素质学生的基本条件。教师的教育水平直接影响着人才的素质，是一所大学存在与发展的关键。唯有持续改进，才能获得更多的信赖，才能更好地招揽到更多优秀的学生。高校从精英化向大众化转变，符合当代高等教育发展的需要，但是，高校招生规模的急剧扩大，也造成了高校毕业生素质的良莠不齐。

（二）体育师资队伍情况

21世纪是一个从传统的工业化社会向知识经济社会过渡的时代，知识与信息将取代能源与资源成为新的财富来源。科学技术的竞争，经济的竞争，社会的竞争，最终都是人才的竞争。人才的培育是一项综合性、系统化的系统工程，要想培育出高质量的人才，就必须有高质量的师资队伍。一个国家的复兴，靠的是教育，靠的是人才。在教科文组织的一份报告中，我们看到："老师们是改变世界的推动者，是沟通东西、沟通南北、形成新一代个性和观念的活跃分子，我们从未如此深刻地认识到老师们在其中所扮演的角色。"

1.结构性不平衡

针对我国当前高职院校体育教学改革的现状，许多学者从多个方面进行了探讨，既有优点，也有缺点。比如，马卫平等人的研究表明：在过去的几年里，我国高校的体育学院（系）的师资队伍已经形成了一个相对合理的、具有比较高的综合素质的学科阶梯。但是，随着国家建设健全的社会主义市场经济体系的需求，以及21世纪高等体育教育的改革和发展的需求，特别是随着高等教育大众化的来临，目前的教师队伍还应该在年龄结构、学历结构、职称结构和亲属结构上进行全面的调整。在对教师进行进修提升方面，仍然以政府和学校两种行为为主。

2. 运动场地与器材

体育类学科的特殊性决定了其学校建设的基本条件，也决定了其在学校建设中的地位。在扩大招生后，各地学校都积极地从各个方面筹集资金，加强了学校的基本教育和教育设备，并在一定程度上提高了学校的办学水平。在过去的几年中，随着我国体育教育事业的发展，我国体育教育的教学工作也在逐渐增加。尽管我国的体育教育事业也在逐步发展，但是，我国的教学条件、场地、器材等方面并没有得到显著的提高，依然无法适应我国体育专业教学、训练和科研的发展需求，这在某种意义上造成了对教学质量的影响。

总之，在以上的分析和对比中，我们能够得到以下的结果：第一，在经过了几年的发展之后，我们已经基本上建立起了一个相对合理的学科层次和较高的整体水平。但是，在我国构建健全的社会主义市场经济体制的要求及面向 21 世纪高等体育教育的改革与发展的需要之下，特别是高等教育大众化时代的来临之际，专任教师队伍中数量不足、结构不平衡、术科教师学缘结构单一等问题。另一方面，高校体育学院（系）的教育设备和设备的升级与招生人数的增加不相适应，特别是在运动场地和器材数量上的不足。综上所述，高等体育院校（系）的专任教师的数量和结构、教学设施等与学生人数增加的差距。

第四章　高校体育教学方法的改革与创新

第一节　高校体育教学中多媒体技术的应用

一、多媒体教学技术的特征

（一）多媒体教学技术的多维性特征

所谓的多媒体技术的多维性特征，主要指的是多媒体教学技术所拥有的对信息范围进行处理的扩展与扩大空间的能力，而此种多维性职能能够变换、加工、创作输入的信息，使其输出信息的表现能力得到增加，其显示效果得到丰富。例如，在高校体育教学开展的过程中，利用多媒体系统进行辅助，不仅能够保证学生对文本知识的学习，使其对静止图片进行观察，并且在多媒体技术的支持下，学生能够清楚地观察、了解体育教师的动作演示，使高校体育教学效果得到加强。

（二）多媒体教学技术的集成性特征

所谓的多媒体技术的集成性特征，主要指的是多媒体技术能够将不同类别的多种媒体信息有机地进行同步组合，例如，声音、文字、图像，等等，进而促进多媒体完整信息的相册。此外，集成性还存在另外一层含义，指的是对这些多媒体信息进行处理的工具或者设备的集成，包含视频设备、储存系统、音响设备、计算机系统等的继承，总而言之，指的是在提供的各种设备上将各种媒体紧密地进行关联，使文字、声音、图片与音像的处理实现一体化。

（三）多媒体教学技术的交互性特征

所谓的多媒体教学技术的交互性特征，主要指的是人和人之间、人和机器之间、机器和机器之间的交互活动，也就是人和机器进行对话的能力，也就是使用者同机器之间进行沟通的能力。这也是多媒体计算机系统不同于传统音响、电视机等家电设备的地方。根据实际的需要，人们能够选择、控制、检索多媒体系统，同时，还能够参与到播放多媒体信息与组织多媒体节目的行列中。传统的只能对编排好的节目被动接收的电视机形式已经被打破。

（四）多媒体教学技术的数字化特征

所谓的多媒体教学技术的数字化特征，主要是指在多媒体计算机系统中，各种各样的媒体信息都是以数字的形式在计算机中存放，并得到处理。多媒体技术是在数字化处理的前提下被建立的，例如，以矢量方式储存与处理的图形、以点阵方式储存与处理的图像、以数字编码方式储存与处理的音频和视频。在数字化技术发展的背景下，多媒体教学技术得到了广泛的传播与发展。

上述的四种主要特征，多媒体教学技术还有其他的一些特征存在，通常来讲，还拥有分布性、综合性与实时性等特征。所谓的实时性特征，主要指的是对于同时间相关的心理，如声音与视频信号等的处理，还有人机的交互显示、操作与检索等操作都存在实施完成的要求。所谓的分布性特征，主要指的是基于多媒体数据多样性的存在，在不同的时间与空间都会存在它的素材，并且在不同的领域中，它也得到了广泛应用。所以，对于多媒体产品的开发，在离不开计算机专业人才参与的同时，更加需要的是听、视专业的人才。而多媒体计算机系统的存在比较明显的综合性，它不仅能够综合集成各种媒体设备，同时还能够综合提成各种信息，是他们成为整体，促进综合效应的产生，不再是单兵作战，而是文字、图片、声音与音像的有机组合。

二、多媒体在高校体育教学中的应用优势

多媒体教学教学技术通过文字和图形的形式，同动画、音频与视频相结合，将体

育课程的教学内容进行里立体地显示，具有表现形式和表现手段丰富多样、灵活多变的特征，使其独特的优势得到充分体现。

（一）多媒体技术使高校体育教学观念得到了更新

高校体育教学的传统教学模式是以教师的教作为重心，在高校体育教学应用多媒体技术，能够使此种传统高校体育教学模式发生改变。体育教师在进行授课的过程中，对现代化的多媒体教学手段进行了应用，同时还需要人机交互活动与学生间交流活动的开展，使学生的体育参与意识得到激发，将体育多媒体教学的教学思想进行了展现，即以学生的"学"作为中心。这都能够极大地促进高校体育教学方法的实践性与多样性变革，改变学生体育知识与体育技能的学习思路与方式。

（二）多媒体教师使高校体育教学的质量得到提高

在体育课程的传统教学活动中，教师主要应用的教学方式是讲授为主，挂图等展示方式为辅。在实践课中则需要体育教师进行讲解与示范，在主观条件与客观条件的约束下，很难做到完全规范、标准的技术动作示范，在较短的时间内，学生们正确的动作概念也很难形成，只有体育教师才能够反馈出学生的体育学习状况，而这样的高校体育教学效果也是可想而知的。

多媒体高校体育教学的实施使得上述的状况得到改变，在文字与图片的辅助下，体育课程的抽象概念得以具体化、形象化，而通过计算机，就能够对难度较高的体育技术动作进行模拟演示。而在对速度较快、结构复杂的技术动作进行讲解与示范的过程中，取得的效果则将会更加的明显。在多媒体技术的支持下，通过慢动作使学生对这一系列动作进行清晰的感知，促进相关体育概念的形成与动作要领的掌握，方便进行模仿与掌握，使得高校体育教学的效率与效果得到提高。

（三）多媒体技术使学生的体育学习效果得到提高

多媒体技术能够使人的视觉、听觉等多种感官系统得到刺激，促进大脑不同功能区域交替活动的开展，促进体育学习内容生动化、形象化的发展，增强高校体育教学活动的趣味性与直观性，方便学生对体育技术动作的理解。多媒体技术对字体、色彩、图表、音乐、动画和闪烁等多种表现手段进行了综合利用，保证"声图并茂""有声有色"，使得高校体育教学内容的艺术表现力与强烈的感染力得到增强，使高校体育教学的课堂氛围得到活跃，特别是多媒体高校体育教学资料中对肢体和谐美、力量美与技艺美的体现，使高校学生对体育的功效与个性的社会价值取得真正的认识，使他们的求知欲与体育学习的热情得到激发，进而使学生的体育学习兴趣与体育课堂教学的质量得到有效提高。

三、多媒体计算机辅助教学（CAI）在高校体育教学中的应用

（一）目前我国 CAI 的发展现状

目前，CAI 正迎来了一个多媒体大面积教学的时代，即使用先进的计算机技术、多媒体技术、网络技术、通信技术和设备，"让最好的教师面向最广大的学生的时代"。所以，保证 CAI 课件大数量、高质量的发展具有十分深远的意义。

（二）多媒体 CAI 的发展趋势

对于近年来，在 CAI 中多媒体技术的应用情况进行综合分析，可以得知多媒体 CAI 的应用存在三个方面的发展趋势，具体内容如下：

1. 呈现网络化的发展方向

计算机技术的不断发展，尤其是网络技术的迅猛发展，使人们的生活方式与工作方式得到很大的改变。网络技术的发展需要多媒体技术的支持，而多媒体技术需要在网络中得到应用，进而使网络的表现力得到了增强。在网络中应用 CAI 课件，能够保证"最好的教师面向最广大的学生"，进而使多媒体 CAI 的群体教学模式得以实现。

2. 呈现智能化的发展方向

从功能上来讲，多媒体教学软件与只能教学辅助系统之间存在着互补的关系，如果能够将两者进行结合，那么就能够规避短处的同时而发扬长处，进而使得性能较高的新一代多媒体 CAI 系统得以顺势而生。如果想要使多媒体 CAI 具备一定智能性的问题得以实现，那么就不仅仅需要同人工智能领域的知识表达与知识推理紧密练习在一起，同时还需要对学生模型的建构问题进行考虑。在人工智能领域的知识表达与知

识推理问题上，需要探求出一种能够与多媒体环境相适应新型的知识表达方式及与之相对应的推理机制。

除此以外，还能够更可能地应用方法保证多媒体知识库中导航功能的智能化发展。智能化导航在具备一般导航功能的同时，还能够按照当前学生的知识水平，对学生最合适的下一步路径进行及时的建议，如果学生碰到了困难，就要对学生进行帮助，等等。

3. 呈现虚拟现实的发展方向

虚拟现实的英文全称是 Virtual Reality，简称为 VR，属于交互的一种人工世界，需要多媒体技术同仿真技术的有机结合，在此种人工交互的情境中对一种身临其境的感觉进行创造。通常来讲，如果想要进入到虚拟现实的环境中，那么就需要对一个特殊的头盔与一副特定手套进行佩戴。

在高校体育教学中应用 VR 技术，具有十分令人鼓舞的前景，例如，我们可以对一个"虚拟物理实验室"的系统进行建造，这种系统能够帮助学生开展各种各样的虚拟实验，如万有引力定量实验等，进而深入地了解物理的概念与规律。

伴随多媒体技术与仿真技术的不断发展，VR 实现的理论与方法也不断发展。

（三）同传统的高校体育教学方法相比，多媒体 CAI 具有的优势分析

在高校体育教学课堂教学活动开展的过程中，由于高校体育教学内容与高校体育教学任务方面存在着一定的需求，因此，多媒体 CAI 能够科学地、合理地对现代化教学媒体进行选择，并进行应用。而信息的全方位传递需要人体的多种感官，同时对于媒体组合开展的系统教学能够进行反馈与调控，在高校体育教学课堂教学开展的过程中，保证它的存在是始终有效的，从而实现高校体育教学过程的优化。

多媒体 CAI 高校体育教学同传统的高校体育教学活动相比较，存在的优点有以下几种。

1. 体育教师在指导学生体育学习活动的过程中对其系统进行利用

在现代化高校体育教学中，计算机能够对大量的教学相关信息进行承载，能够按照高校体育教学的实际需要，开展人机对话，并且能够对各种各样的高校体育教学活动随意地调用、开展。

2. 可帮助学生对动作概念尽快地建立

如果能够将多媒体 CAI 应用在体育课堂教学过程中，就能够促进力量教学效果的获得。例如，体育教师在对足球理论课进行教授的时候，提到"越位"这一概念的时候，大部分学生对此概念能够很好地理解，然而，在具体的实践中却不能较好掌握。在进行表达的过程中，体育教师可以对画图的形式进行利用，同时，还能够对声像资料进行应用，对于足球比赛活动中一些典型的与不典型的"越位"镜头编辑在一起，从各个角度出发，向学生及时展示什么是"越位"，同时还要将经过反复多次推敲的解说词列入其中，使学生的各个感官得到调动，从理性上与感性上使学生对这一概念进行理解。

3. 学生可用其对自我学习、自我测验与自我评价直接地开展

对于多媒体高校体育教学的使用方法，由体育教师向学生传授，保证学生的体育学习活动，不仅能够在课堂上进行，还能够在课堂教学结束后开展，即复习或自学。

4. 向学生及时、准确地反馈其学习进程，使体育学习效率得到提高

在传统的高校体育教学过程中，教师在对跳远动作进行教学的时候，会对学生做出的不规范腾空动作或者是没有达到规定标准的动作进行指出，但是有时候学生可能并没有意识到错误的动作，因此导致教师和学生之间出现了沟通障碍，需要注意的是，如果想要消除掉此种掌握，就需要在体育教师的悉心指导下，学生对某一种动作一遍一遍地不断重复，并且在练习中，对动作的要领不断体会。如果是在学生需要改进某一个成型动作或者使自身运动成绩得到提高的时候，就可能会导致学生具有较低的训练水平与较慢的成绩提高。如果体育教师对每一次学生做的跳跃动作进行录制，进行慢动作处理。再组织学生进行观看，使学生对于存在的问题能够及时地发现，并予以纠正。还可以利用计算机的处理作用，将一些优秀学生所做的这一动作进行事先的录制，再将两者开展对比，就能够很明显地得出两者之间存在的区别。此外，这套编制的多媒体 CAI 在专业运动员的训练中也同样适用。

5. 使学生的体育学习兴趣提高

在传统高校体育教学活动开展的过程中，鉴于单调高校体育教学形式，使得学生由于学习过程反复、辛苦、无聊而产生的不能积极应对学习的心理状态想要调整过来是不容易的，同时，多媒体 CAI 具有的形式是新颖的、变化多样的，能够对学生良好

的心理状态进行调节，同时还能够有效刺激学生自身的求知欲，从而使学生的体育学习效率得到一定的提升。

综上所述，多媒体 CAI 能够刺激学生的各种感官，对知识或信息进行最大限度地吸收。多媒体 CAI 在高校体育教学中的应用，促进高校体育教学软件多媒体化的发展，能够使学生心理上的不同要求得到更好的满足。它能够将信息编码成图像，经过同步识别以后，保证高校体育教学文件的声图并茂，绘声绘色，且清晰，便于理解，使学生更加容易接受。

（四）体育多媒体 CAI 课件设计

体育课件的结构主要包含两个主要部分构成，即原理教学模式与训练教学模式。而对于体育多媒体 CAI 课件而言，总体的结构组成是高校体育教学内容与高校体育教学目标，其主要目标是使学生对体育基础知识和基本技术、技能进行掌握，使学生的身体素质得到增强，使学生的良好思想品德得到培养，促进学会观察能力与模仿能力的提高。而体育多媒体 CAI 课件的主要内容由理论课与实践课构成。

1. 体育多媒体 CAI 课件设计步骤

体育多媒体 CAI 在设计的过程中，主要包含四个主要步骤，具体内容如下。

（1）体育多媒体 CAI 课件设计的第一阶段

在体育多媒体 CAI 课件进行设计的第一阶段，首先要对题目进行确定，之所以对题目进行确定，目的在于对课件设计所依据的规范进行了解。

（2）体育多媒体 CAI 课件设计的第二阶段

在体育多媒体 CAI 课件设计的第二阶段，要对脚本进行撰写。撰写脚本的目的是对高校体育教学的内容进行安排。主要使由具有丰富教学经验的高校体育教学或者作者来负责撰写。

（3）体育多媒体 CAI 课件设计的第三阶段

在体育多媒体 CAI 课件设计的第三阶段，需要编制软件，在前两个阶段中还只是纸上谈兵，但是在这个阶段，不再是字面上的，而是课件的实际材料。在这一过程中需要做的工作有三项，即：①通过对多媒体编辑工具的利用，对多媒体数据进行准确；②通过多媒体的著作工具对多媒体课件进行制作；③对相关的程序进行编制。

（4）体育多媒体 CAI 课件设计的第四阶段

在体育多媒体 CAI 课件设计的第四阶段，需要测试、检验。当完成了体育多媒体 CAI 课件的开发、设计工作以后，就需要进行测试、检验。主要目的在于对体育多媒体 CAI 课件的运行情况进行测试，从而对课件能否达到规定的目标进行测验。

2. 体育多媒体 CAI 课件的选题原则

我们都需要承认的是体育多媒体 CAI 课件具有的特点与优势是非常强大的，然而，有时候也会有相对的不足与局限存在，因此，在完成全部教学任务进行完成的过程中，不能对体育多媒体 CAI 课件过分依赖，还应该对高校体育教学目标、高校体育教学条件、高校体育教学资源与高校体育教学内容进行考虑，保证选择的最优化，并精心设计。更是要同其他教学媒体紧密联系在一起，组合应用，才能扬长避短，使更加高效的教学系统得以构成。

我们首先要对体育多媒体 CAI 课件设计的价值进行考虑，即这堂课是否必须要使用课件。如果传统的教学方式就能够使良好的教学效果得以达成，就没有必要花费大量的精力去对体育多媒体 CAI 课件进行制作。所以，在对体育多媒体 CAI 课件的内容进行确定的时候，通常会很难使用语言对高校体育教学过程中的难点与重点进行清晰的表达，在这样的情况下，对于体育多媒体课件的形式进行使用是比较合适的。之所以这样，主要原因是对于体育多媒体课件而言，自身具备较为丰富的功能，能够将声音、视频、动画、效果汇集在一起，能够更贴切地模拟自然，表现自然，或者是在实验条件的支持下，通过局部放大、旋转与重复等多种方式进行展现，从而有效地突破高校体育教学的重点与难点。基于模拟训练的目标而言，特别是初级训练更是比较适宜对多媒体形式进行应用。体育多媒体具有比较强大的模拟功能，能够有效地实施高校体育教学中的各种模拟技能训练。例如，对于一些进展比较困难的危险实验进行替代，高校体育教学过程中学生的实际操作，周期较长或者代价较高的实验，但是，需要去注意的是，在选择高校体育教学内容的时候，应该选择那些不存在演示实验或者是演示实验不容易做的教学内容，并且进行使用。

3. 体育多媒体 CAI 课件的设计原则

（1）体育多媒体 CAI 课件设计的结构化分析原则

在体育多媒体 CAI 课件进行设计的过程中，应该对结构化分析原则进行遵循，而我们这里所说的结构化分析原则，主要是指设计体育多媒体课件的时候应用系统分析的方法，按照结构要素组成对事物进行依次的分解，等到对于所有的要素都能够清楚地进行理解与表现的时候，就能够停止事物的分解了。基于结构化分析原则下的体育多媒体 CAI 课件，能够将高校体育教学的内容进行层次清楚的表达，纲举目张，不管是从系统宏观来讲，还是对于局部细节而言，所做的认识都是非常详尽的，因此，对于体育多媒体 CAI 课件中框架的展开与学科内容的设计都能够起到一定的促进作用。

（2）体育多媒体 CAI 课件设计的模块化设计原则

所谓的体育多媒体 CAI 课件设计的模块化分析原则，主要只是按照结构化分析的框架图指示，将相同或相近的部分设计成模块，使其相对独立，用模块图表示出单一功能模块的组成的结构，由此对课件系统及与之相应的功能结构进行确定，进而为结构化编程创造良好条件。

诸多实践证明，体育多媒体 CAI 课件的模块化设计不仅减轻了繁杂的内容编程的负担。还可保证课件的风格统一、制作程序化。

（3）体育多媒体 CAI 课件设计的个别化教学原则

在对高校体育教学内容进行选择与组织的时候，应该做能够具有广泛的适应性，应该保证某一层次的所有学生都能够适用。同时，根据学生不同能力的差异，对相应的高校体育教学程序和对策进行设计。例如，学生能够对自己学习内容的深度和广度进行控制，并对自己的学习进度进行确定。

（4）体育多媒体 CAI 课件设计的反馈和激励原则

体育多媒体 CAI 课件应该对于每一个学生做出的反应都能够将与之相对应的信息不论时间、无论地方的进行反馈。在体育多媒体 CAI 课件中，要保证友好的交互界面，充分调动学生体育学习的积极性，使学生始终处在良好的学习状态中，同时，还要及时的、有效的强化高校体育教学的效果，使及时正向激励的作用得到有效的发挥。

（5）体育多媒体 CAI 课件设计的贯彻教学设计原则

对于体育多媒体 CAI 课件的设计而言，其理论与方法在将体育课堂教学呈现包含在内的同时，也存在体育多媒体 CAI 课件进行设计的方法与原则。在对高校体育教学的结构与内容进行设计的过程中，体育教师不能单纯地依靠传统的方法与经验对高校体育教学结构与内容进行设计，同时，还要适当地使用系统的技术和方法，进而对高校体育教学目标的设计与分析，以及高校体育教学的诊断工作进行实施。

4. 设计体育多媒体 CAI 课件的具体方法

体育教师在开始制作体育多媒体 CAI 课件之前，应该对课件设计工作的重要性进行明确。需要注意的是，在高校体育教学过程中，体育多媒体课件发挥的作用不是主要的，而只是辅助性的。在体育课堂教学开展的过程中，教师仍然发挥着主导作用。只要将体育多媒体 CAI 课件的设计工作做好，才能够制作出更多优秀的课件。所以，在设计体育多媒体 CAI 课件的过程中，可以考虑从以下几个方面进行考虑。

（1）从体育多媒体 CAI 课件的可教性考虑

对体育多媒体 CAI 课件进行制作的主要目的是使体育课堂教学的结构得到优化，使体育课堂教学的效率得到提升，在保证促进体育教师教的同时，还要促进学生的学。所以，在设计体育多媒体 CAI 课件之前，我们应当对其存在的教学价值进行优先考虑，也就是说，对于这堂课是不是有必要对体育多媒体 CAI 课件进行使用进行考虑。通常来讲，如果仅仅使用传统的高校体育教学方式就能够使良好的高校体育教学效果得以实现，那么花费大量的精力对体育多媒体 CAI 课件进行设计就没有必要。所以，在对体育多媒体 CAI 课件的内容进行制作以前，应该尽可能地对那些不存在演示实验，或者是演示实验不容易做的高校体育教学内容进行选择、应用。

（2）从体育多媒体 CAI 课件的易用性考虑

对于体育多媒体 CAI 课件而言，应该能够清楚地表达出高校体育教学的目标、高校体育教学的步骤与高校体育教学的具体操作方法，同时，有一点需要注意的是，即在同本机脱离的情况下，在其他的计算机环境中，体育多媒体 CAI 课件也能够运行成功，因此，需要对于几个方面具体的内容进行注意。

①体育多媒体 CAI 课件应该便于安装，且能够随意拷贝到其他硬盘上使用

首先，体育多媒体 CAI 课件应该保证启动比较快速，避免体育教师和学生焦急等待的情况出现。其次，体育多媒体 CAI 课件应该尽可能占据较小的容量，需要注意的是，对于体育多媒体 CAI 课件越大越好的错误观念必须要更正，伴随网络技术的日新月异，体育多媒体 CAI 课件的运行在网络环境下最好。

②体育多媒体 CAI 课件应该具备友好的操作界面

对于体育多媒体 CAI 课件而言，其操作界面应该包含一些具有明确意义的按钮和图片，同时还要能够通过鼠标进行操作，避免一些特殊的情况的发展，例如，键盘操作复杂等。此外，应该合理设置体育多媒体 CAI 课件各个内容部分间的转移，保证方便地操作跳跃、向前与向后等步骤。

③体育多媒体 CAI 课件的运行要保证一定的稳定性

对于体育多媒体 CAI 课件而言，在其运行过程中应该保证一定稳定性的存在，如果体育教师在执行体育多媒体 CAI 课件时做出了错误操作，那么就十分容易产生退出的情况，也会出现计算机重新启动的情况。因此，在体育多媒体 CAI 课件具体的操作过程中，体育教师应该尽可能地使死机的情况较少，甚至不出现，保证体育多媒体 CAI 课件运行过程中稳定性的存在。

④体育多媒体 CAI 课件要保证及时进行交互应答

在体育多媒体 CAI 课件运行过程中，应该保证及时地进行交互应答。而不能将体育多媒体 CAI 课件等同于普通视频观看。同时，体育教师应该高度重视学生的学，使学生学习的过程是循序渐进的，为学生留出更多的思考余地。

（3）从体育多媒体 CAI 课件的艺术性进行考虑

对于一个体育多媒体 CAI 课件而言，它的演示在保证良好高校体育教学效果的同时，还应该是令人愉悦的，只有这样才能够将美的享受提供给体育教师与学生。如果上述的两项因素都能够保证，那么就表示这样的体育多媒体 CAI 课件存在着较强的艺术性特征，完美地融合了优秀的内容和优美的形式，值得我们注意的是，想要实现这两个目标一点也不容易。想要实现这些内容，体育教师不仅应该具备一定的美术基础，还要存在一定的审美情趣。所以，如果在这一方面存在过高的要求，就很难顺利实现的。

体育多媒体 CAI 课件的艺术性特征主要的表现是：具有柔和色彩的操作界面，科学合理地进行搭配，画面应该同学生的视觉与心理产生共鸣；为了能够保证将更加逼真的图像呈现出来，可以考虑使用 3D 效果；对于画面的流畅性要做出保证，避免停顿、跳跃的现象出现，需要注意的是，体育多媒体 CAI 课件画面中最多只能存在两个运动对象；此外，不仅要存在优美的音色，还必须通过适宜的配音进行辅助。

5.体育多媒体课件创作工具的选择

在选择体育多媒体课件创作工作的问题上，如果能够恰当地选择体育多媒体课件的创作工具，那么就能够使得体育多媒体 CAI 课件的具体实施产生更加理想的效果。在本书的此章节内容的分析与研究中，作者主要从以下几个方面简单地分析比较典型的体育多媒体课件创造工具与开发工具。

（1）在体育多媒体课件的创作过程中，选择体育多媒体创作工具的基本原则

在体育多媒体课件创作的过程中，所选的创作多媒体工具，其主要用途是当用户编排、制作各种各样的节目能够起到一定的促进作用，多媒体的创作工具在向用户提供的过程中，通常是交互的设计环境与易懂、通俗的高级编著语言，如此一来能够为用户编制各种内容提供便利。如果在体育多媒体 CAI 课件设计过程中，恰当地选择多媒体创作工作，那么就能够保证体育多媒体 CAI 课件的效用得到最大程度的发挥。

①高效原则

在体育多媒体课件创作的过程中，将会对多媒体的开发、创作工具进行应用。对于多媒体开发、创作工具而言，存在的特点主要有：具有容易实现、具有丰富多样的效果、较高的媒体集成度、看到的就是得到的，在体育多媒体课件备课问题与课件开发的开展方面，具有十分明显的效率优势，这一点传统"语言"系统是做不到的。

②易用原则

对于同一种知识而言，如果通过 1000 名教师进行教授，自然就会存在 1000 种不同的教学方式。而体育多媒体课件的实际操作具有简单、便捷、方便、容易使用等多项特征，如果想要体育教师真正地接受并使用他们，就需要体育多媒体课件的使用方法在较短的时间内被体育教师所掌握，即便这个体育教师对于程序设计一窍不通，甚至是对于计算机的操作也了解甚少。

③开放原则

在高校体育教学开展的过程中，可以使用的素材是富有变化的，因此，体育多媒体课件必须要拥有一个几乎被所有多媒体格式都能兼容的体育多媒体课件创作开发平台，在能够提供或者应用各种各样高校体育教学素材的同时，还能够支持各种各样输入的设备格式。西外，还应该保证存在的所有素材都能够得到充分利用，自己的产品不管是在哪一台计算机中都能够适用。

④价廉原则

体育多媒体课件创作工具选择的价廉原则，是一种共同要求，在任何一个领域中都适用。当前"质优"是必要的前提。

（2）体育多媒体课件创作工具简介

在体育多媒体教学课件创作的过程中，选择体育多媒体创作工具的时候必须要对其存在的功能进行了解。通常来讲，体育多媒体课件创作工具具备的功能有很多，例如，①为体育多媒体的编程营造良好氛围；②多媒体数据管理功能；③超文本功能；④超媒体功能；⑤对于体育多媒体数据的输入和输出都能够有效的支持；⑥连接各种各样应用的功能；⑦友好的用户界面；⑧制作、编排动作的功能。

在体育多媒体教学课件创作的过程中，如果体育多媒体的创作工具存在于不同的界面中，那么就会同样存在不同的创作特点与创作风格，同时，每一种都会存在其各自的不同优点与缺点。但是，如何对这些界面不同的创作工具进行选择，主要依据是个人的偏爱与需要完成的创作任务。例如，如果仅仅是对学术会议的报告与研究生答辩内容进行制作，那么就不需要通过更加复杂的编程软件来完成制作，只需要对幻灯创作工具进行选择、使用就可以了。但是，有一定需要进行说明的是，如果想要针对某一个领域中的教育教学软件进行制作，以便于更好地辅助个别化教育训练的开展，或者是实际操作的练习中使用，那么就应该选择具有较强交互性的多媒体创作工具。对于几种比较常见的多媒体创作工作，作者进行了如下的分析。

①幻灯式多媒体创作工具

体育多媒体课件创作过程中的幻灯式多媒体创作工具，一般来讲是一种呈现以线性为主的体育多媒体创作工具。而此种创作工具在应用中就是通过一系列的幻灯片的排列来对过程进行呈现，也就是按照顺序分离并展示屏幕。而此处所提及幻灯片，可以是简简单单的文字幻灯片，也可以是简单的图像幻灯片，还可以是由声音、图像、文字、视频或者动画等多种要素结合在一起的体育多媒体课件复杂组合，但是，有一点需要强调，那就是：一般来讲，此种体育多媒体课件创作的幻灯式多媒体创作工具，在开始使用之前必须要存在一个预先设置完整的展示程序。

对于体育多媒体课件创作的幻灯式多媒体创作工具而言，其某一些特殊存在能够将一定程度的交互提供出来，再按照一定顺序立体体育多媒体教学课件界面中存在的键盘操作、鼠标操作与按钮操作，在对体育运动技术动作进行设计的时候，必须要借助动作按钮的功能，完成超级链接，此外，也可以打开一些外部的程序。幻灯式多媒体创作工具中比较典型的就是幻灯片（PowerPoint），其显著特点就是简单、易学、易用。能够将一个创作展示的完整软件环境展示出来，不仅包含集成工具、格式化流程、绘画，还包含了其他的多种选项。此外，对其包含的许多模版，我们可以直接进行调用，但是，此多媒体创作工具也是存在缺点的，即只存在简单的交互，甚至是缺乏交互，并且存在的交互只是在幻灯的线性序列的点之间进行跳转。在学术报告、汇报与演示过程中对此种幻灯式多媒体创作工具使用较多。

②书页式多媒体创作工具

书页式多媒体创作工具的主要特点是，将相关的高校体育教学内容制作成一本书的形式，当然也存在"页"，并且这些页像书稿一样，也有一定的顺序存在。而上述的这一特征同体育多媒体课件创作的幻灯式多媒体创作工具是比较相近似的，但是，两者之间也肯定会存在一定的差别，即在页与页之间也能够有效支持更多的交互形式，给人一种身临其境，能够浏览真实书稿的感觉。书页式多媒体创作工具的典型是 Tool Book，此软件能够对应用程序进行想象，使之成为具有很多页的书籍，在它自己的窗口中可以对每一页的内容进行画面展示，里面有大量的交互信息与媒体对象包含其中。可以说，书页式多媒体创作工具与幻灯式多媒体创作工具相比，在结构方面，交互能够在一页内完成，显示出更加丰富的特点。对于工具书（Tool Book）来讲，在一个独立存在窗口上，每一次只能显示出一个的内容。因此，在应用程序中的实现智能只能是利用页面不同的现实才能够完成。此外，还能够在打开某一本书的某一页内容的时候，同时打开其他的书籍，所以，对于更加复杂化的一个层次结构的建立，可以进行充分的考虑，也就是所谓的书架式的应用程序。对于此种书架式的应用程度而言，其原理在于在书架上，将多种多样的事物当作一本书进行放置。

③时基模式创作工具

我国这里所说的时基模式创作工具，一种常见的多媒体编辑系统，主要将时间作为基础，通过此种编辑创作工具制作出的内容近似于卡通片或者电影。时基模式创作工具通常是利用看得见的时间轴来对显示对象上演的时间段与事件的顺序进行确定。在这样时间关系存在的情况下，它的出现形式可以是许多的频道，从而能够使多种对象得到安排，同时呈现出来。通常在这样的系统中会有一个控制面板的存在，主要是为了对播放进行控制，一般来讲就像是常见的录音机与录放像机，主要包含了演出、快进、倒带、前进一步、后退一步、停止等按钮。

④网络模式创作工具

对于网络模式创作工具而言，它可以允许的程序组成一个自由形式的结构，即可以任何一个地方到另外的任何一个地方。同时，它存在着不固定的结构与呈现顺序。在利用网络模式创作工具进行创作的过程中，仍旧需要作者建立自己的结构，也就是说作者需要尽可能多地完成工作。但是，在所有模式的多媒体创作工具中，此种创作工具是一个存在多种层次的，比较适宜建立的应用程度。比较典型的软件是"MEDIA Script"，能够从应用程序空间的任何一个对象使用户随意地跳转向其他的任何对象，访问是完全随机的。网络式的实现可以对任何一种程序语言进行利用，然而，它存在较高的计算机方面的要求，首先需要作者至少是一名程序员。

⑤传统程序语言为基础的多媒体创作工具

对于程序员来讲，在编程方面比较擅长，通常对于多媒体编辑创作系统的限制及依赖工具箱产生的方式很难接受，所以，想要他们对多媒体创作系统进行应用，完全地丢弃到他们所熟悉的语言创作工具是非常困难的，几乎不可能实现。在这样的情况下，不仅适当地保留传统语言的特征，还要对于设计过程中的环境进行改进，使之能够像可视化操作的一个系统转变。如果这样的话，就能在程序编写的过程中，使程序员在充分利用传统语言的同时，还能够对多媒体开发的工具箱进行应用，并且还能够直接使用工具箱内的这些编码，使之变成能够得到重用的编码。可以预见，此种多媒体创作工具存在的应用前景是相当广泛的。

四、基于万维网（WEB）的体育多媒体网络课件的教学设计

（一）体育多媒体网络课件设计特点

基于 Web 的体育多媒体网络课件的设计，主要对高校体育教学过程中学生的中

心地位进行了强调。在主动获取知识的环境下，教师和学生的地位、作用和传统教学方式已发生了很大的变化，相应的教学设计理论与传统教学相比也出现了差异之处。因此，就需要围绕以学生为中心、强调教师与学生充分交互这一原则对体育多媒体网络课件进行设计，保证能够将对网络教学特点进行体现的软件被设计出来。

1. 对于"以学生为中心"的思想进行强调

在体育多媒体网络学习的过程中，应该使学生自身的主体性作用得到有效的发展，将高校体育教学课内与课外相结合、体育锻炼活动自觉参与的精神得到展示。应该保证学生能够在自身联系反馈信息的支持下，形成高校体育教学理论与方法的独到见解。

2. 对于情境在获取知识中的重要性进行强调，对于高校体育教学信息的接受与传递不等同于知识建构的问题进行强调

在体育课程加强构建的实际情境中，能够开展一系列的学习相关活动，能够促进现有认知结构中的一些相关经验能够被学习者有效的利用，使他们对于现阶段所学的体育课程教学的新知识可以更好地固化、索引。进而将某种特殊的意义赋予到新的高校体育教学知识中。因此，在对体育学习情境进行构造的过程中，必须要强调知识点与知识点间的结构关系，注意不能只是简单地罗列高校体育教学内容。

3. 对于获取知识方面，协作学习发挥的重要作用进行强调

在体育多媒体网络课件进行设计的过程中，对于学习者与周围环境之间存在的交互作用，还有网络环境能够强化协作学习环境的作用能够得到充分地、有效地发挥，这对于学习者充分理解高校体育教学内容有着非常重要的作用。

4. 对于学习环境的设计进行强调

我们这里所说的学习环境，通常指的是学习者能够自由地进行学习与探索的场所。在学习环境中，学生为了能够使自身的学习目标得到顺利实现，需要充分地利用各种信息资源与工具。基于 Web 的体育多媒体网络课件的设计，从以学生为中心思想的指引下，并不是从高校体育教学环境进行设计，而是针对学习环境展开一系列的设计。这样做的缘由是，更多的控制与支配产生于教学过程中，而更多的主动与自由则是会产生于学习过程中。

5. 对于学习过程中各种各样信息资源的有效利用进行强调

在体育多媒体网络学习开展的过程中，为了能够有效促进学习者对知识的主动获取与探索，需要将更多有效的各类信息资源提供给学习者，与此同时，对于学生自主学习活动与协作式探索的顺利开展得到促进，对于这些媒体与资源应该要科学合理的利用。因此，在选择、设计同传统课件设计相关教学媒体的问题上，需要应用全新的、有效的处理方式。例如，充分考虑到如何获得信息资源、获取信息资源的途径有哪些、怎样有效利用信息资源等多项问题。

（二）高校体育教学内容选择与组织

只有对高校体育教学内容精心选择和组织，才能够使 Web 的优势得到充分利用。具体的做法主要包含以下几个方面的内容：

1. 教学内容的多媒体化

在高校体育教学开展的过程汇总，不仅可以对文字和图片进行使用，还可以利用声音、动画和视频。如果高校体育教学内容具体多元化的形式，那么也要综合地设计高校体育教学内容的形式，对于文字形式、图片形式、声音形式、视频形式与动画形式等多种高校体育教学手段综合利用，详实地解说体育运动技术动作的要点、方法、难点、练习方法、容易犯的错误、纠正错误的方法，等等多个方面的问题。

2. 补充体育课程教学相关内容与链接

在体育课程教学开展的过程中，在教学的各个知识点中不仅能够将体育课程教学大纲要求的内容引入其中，还可以融入大量的相关信息与知识。例如，在《篮球》中，不仅仅包含体育课程教学大纲中规定的一些技术教学内容与战术教学内容，同时，对于篮球运动的所有技战术进行了扩展，同时，还补充了篮球运动技战术实战应用的内容。在完成体育课程教学大纲要求内容的同时，使爱好篮球运动的学生能够给对于国内外先进的篮球运动技战术、教学与训练相关网络站点进行了解学习。此外，还能够对网络连接的特点进行利用。

3. 高校体育教学内容动态更新

在体育课程网络教学开展的过程中，学生体育学习教材由体育教师负责编写的传统方式已经不再适用了。之所以这样，主要是因为在体育课程网络教学中，对于高校体育教学课件的相关内容，学习者可以自由地进行浏览，同时，还能够通过网上教师答疑解惑与课程互动讨论等教学手段对高校体育教学内容进行讨论，同时，还可以将一定的修订意见进行提供，促进高校体育教学互动过程中教师与学生对教材进行共同编撰可行性的实现。经过了体育相关教材的共同撰写以后，对于自身的问题与意见，学生能够进行充分的表达，从而使体育课程网络教学过程中学生的参与感得到大大提高。

（三）体育多媒体网络课件的结构设计

在设计体育多媒体网络课件结构的时候，需要考虑的因素有：高校体育教学的目标、高校体育教学的内容、交互方式的性质。体育多媒体网络课件结构主要建立在高校体育教学内容的基础结构上面，它可以保证体育多媒体网络课件的相关教学功能与大致框架得到充分地反映。

对于体育多媒体网络课件而言，其总体结构主要由两个部分内容构成，分别是高校体育教学的内容、网络交互。高校体育教学的组成内容，不仅包含体育课程教学大纲要求的全部内容，还包含一些扩充性的知识。在高校体育教学网络手段应用的前提下。大量同体育课程教学核心内容相关的补充性知识在体育课程教学内容中能够有机融合，进而促进高校体育教学资源的一个特定环境得到营造，对于那些存在不同兴趣、爱好的学生而言，能够保证他们的个性化学习活动给予适当的支持。在大量扩充性知识得到引入的情况下，极大地丰富了体育多媒体网络课件的内容。对于体育多媒体网络课件而言，其主要内容包含了体育理论课的教学内容与体育实践课的教学内容。

对于体育多媒体网络课件而言，其主要内容包含了多项内容，例如，相关课程的介绍、课程讲解的要点内容、教师答疑解惑、课程讨论、作业处理与课程公告，等等。其中，相关课程的介绍主要有对学习总体目标的介绍、考核的办法、学习方法、学习进度与课时安排等的介绍；课程讲解的要点内容主要有每一个项目的教学任务、技术动作的要点、技术动作的难点、练习方法、容易犯的错误与纠正的方法，等等。

（四）撰写脚本与设计素材

多媒体手段的引入使得高校体育教学内容的形式得到多元化的发展，在体育网络课件撰写中需要对素材的撰写和设计进行考虑，我们这里所说的素材，主要包含文字、图形图片、声音、动画和视频，等等，对于这些不同类素材之间的连接关系也要进行考虑。

1. 文字脚本的撰写

通常对 Word 软件进行利用，来实现文字脚本的撰写，在内容的问题上，不仅仅要对高校体育教学的知识点进行考虑，还要利用文字清晰地表达出教师的讲解，另外还要在引入图形图片、动画及视频的文字处及超文本连接处做出标记，以便于后期的制作者使用，所以，在字数上，文字脚本是传统教材的 2 ～ 5 倍。

2. 声音脚本的撰写

在网络条件的制约下，如果在高校体育教学网络课件中对于大量的声音文件进行应用，很有可能会降低了其最终的运行速度，所以，声音文件的使用只能在特别需要的地方才可以，例如，对动画的解说、对视频的解说，等等。同时，在对这一种类别的声音脚本进行撰写的时候，首先要进行考虑的是目标动画与目标视频，同时，按照动画的解说与视频的解说，对时间与内容开展配音，需要注意的是，应该保证配音脚本的精炼化，同时，将动画与解说的过程、配音的过程紧密地联系在一起。

3. 关于图形图片的设计

我们常说的图片，就是指利用拍照技术而生成的图片。当体育教师向学生讲解高校体育教学内容的时候，可能需要使用到大量的图片。我们常说的图形，就是指利用计算机的相关软件而绘制出来的示意图，例如，篮球运动技战术配合的相关线路，等等。在对图片进行拍摄以前，体育教师应该针对每一个技术动作按照文字讲解的实际需要进一步设计照片拍摄的地点与数量。通过计算机相关软件绘制出的示意图，不仅要对相关的内容进行表现，还要对图形的种类进行确定，可以使二维图形的绘制，也可以使三维图形的绘制。从原则上讲，为了能够使基于 Web 的体育多媒体网络课件的制作成本适当地降低，尽量对二维图形进行使用，而放弃对三维图形的使用。

4. 关于动画的设计

我国这里所说的动作，主要是指动态的图形或图片。在基于 Web 的体育多媒体网络课件中，动作的使用只是为了表达原理性的一些内容，例如，体育教师在讲解球类运动的战术配合问题的时候，就需要应用到二维动画。在对相关动画进行设计的时候，首先需要进行设计的就是最原始的静态图形，然后需要通过文字与图示对初始动态图形的每一个变化过程进行说明，同时，还要以文字撰写的形式编写相应的解说文字。对于动画脚本而言，其主要构成有：每一步动作的图形、说明性的文字与线条、图片中的文字提示、解说的文字等。一般来讲，一套规范的制作表必须要通过制作人员和脚本撰写人员一起来进行商讨、确定，这对于撰写脚本与双方交流活动的开展能够起到一定的促进作用。

5. 关于视频的设计

在基于 Web 的体育多媒体网络课件设计过程中，视频的拍摄类似于图片的拍摄。通常来讲，视频的拍摄和图片的拍摄在步骤上是一致的。同时，如果拍摄过程中使用的是数字摄像机，那么图片拍摄与视频拍摄事实上就是处在同一个过程中。

6. 关于功能的设计

对于基于 Web 的体育多媒体网络课件而言，其功能的设计内容主要有：对于课件界面的层次选择、导航模式设计、按钮的选择、功能按钮的确定、课程内容展示方式的确定、类型不同素材的连接方法确定、课件内容文件结构的确立，等等。功能设计的目的主要是最大限度地使用多媒体网络手段，以便于能够使特定内容对教学活动辅助作用的完成起到一定的促进作用。在基于 Web 的体育多媒体网络课件中，按照总体结构的相关要求，通常通过三级结构对界面进行设计，分别是：主要界面（也就是网络课件的主页面）、选择内容的界面、讲解内容的界面。

在基于 Web 的体育多媒体网络课件的主要界面中，通常存在两组可以选择内容的按钮，分别是：高校体育教学内容组按钮、网络交互组按钮。为了可以适当地减少页面切换的数量，从而提升基于 Web 的体育多媒体网络课件的运行速度。因此在选择内容的界面，在设置每一节内容选择按钮的同时，还要设置每一章节的切换按钮。针对某一个高校体育教学内容，综合利用各种各样形式的高校体育教学手段，可以采用的高校体育教学手段有：文字介绍、动画讲解、图像图片、录像片段等。不仅如此，基于 Web 的体育多媒体网络课件还可以设置其他超文本链接形式的按钮，例如，欣赏，友情地链接到其他的网站。在基于 Web 的体育多媒体网络课件中，其界面存在的各式各样的按钮充分考虑了学生各种需求。此外，还可以科学合理地增加按钮的趣味性与动态效果。

基于 Web 的体育多媒体网络课件作用的主要表现是，使实践课中理论讲授时间紧且不系统的问题得到较好的解决，可在网上将体育课的教学内容完整系统地进行讲授，供不同需求的学生在网上进行个性化学习；可以利用多媒体的手段对体育运动技术动作要领进行形象生动地讲解，保证统一的、规范的动作，可以便于学生重复多次地进行观摩与学习，从而保证基于 Web 的体育多媒体网络课件对于课外体育锻炼能够起到很好地辅助作用；对于网络上能够提供的条件应该充分地利用，对于相关的问题，体育教师应该指导学生进行谈论，并且为其答疑解惑，等等。

基于 Web 的体育多媒体网络课件，其应用与发展在对高校体育教学手段与高校体育教学方法进行改革与创新的同时，还会在一定程度上影响到体育教育理论的发展与高校体育教学模式的发展。在未来，未来多媒体课件中的一种重要形式就是基于 Web 的体育多媒体网络课件，同时它也将成为网络教学发展的重要资源基础之一。

第二节　高校体育教学中微课的应用

一、微课的概念

（一）微课概念

所谓的微课，主要是指以视频的方式把教师在课堂内外教学活动开展过程中传授的教学环节或者强调的主要知识难点与重点进行展示的新型的一种教学资源。微课具有一些比较显著的特点，即（1）碎片化；（2）突出重点；（3）具备的交互性比较强；（4）能够反复多次使用。微课作为一种全新的教学模式，能够使学生的碎片化学习活动随时随地的展开。

（二）微课的组成

对于微课而言，其组成内容的核心就是示例片段，也就是课堂教学视频。不仅如此，也有同某个教学主题相对应的辅助性教学资源，例如，素材课件、教学设计、练习测试、教师点评、教学反思和学生反馈，等等。在一定的呈现方式和组织关系下，它们共同营造了资源单元应用的"小环境"，而这里所说的资源单元具有的显著特征是主题式的半结构化单元资源，因此，微课同传统单一资源类型的教学资源之间是有一定的差异存在的，主要表现在教学设计、教学课例、教学课件与教学反思等方面，同时，微课与上述的这些教学资源之间存在一定的联系，即微课作为一种新型的教学资源，其发展基础就是上述的这些教学资源。

（三）微课的特点

1. 碎片化

微课视频具有 10 分钟左右时长，将课程教学过程通过清晰的视频录制的方式进行呈现，

一堂传统高校课堂教学的时间是 1.5 小时，而原有的段状课程在微课的作用下，逐渐向点状课程转变，促进了更加精华、细致课程内容的出现，因此，学生除了课堂的教学的时间以外，还可以利用课外的其他的零散时间，例如，当学生排队等待就餐的时候，可以利用这一小段时间进行学习，所以，微课的显著特点之一就是碎片化。

2. 突出重点

基于学生的学习特点，在微课显著碎片化特点的影响下，对于教师的教学能力，微课也提出了更高的要求。在微课视频的 10 分钟展示时间内，要求教师将严谨的逻辑性进行体现的同时，还要将课程内容的重点与亮点突显出来，真正地抓住学生的学习重点所在，才能够使学生的学习兴趣得到更好的激发。

3. 较强的师生交互性

微课作为一种新鲜的课堂形式，它的出现在满足学生知识渴求与猎奇心理的同时，还能够有效改善传统教学模式中教学内容单方面输出的情况。在微课教学开展的过程中，教师与学生之间的互动得到加强，不仅仅及时收集了学生课程学习的兴趣点，同时，对于学生存在的疑问，教师也能够及时进行回答。这无疑会为教师课程后期的设计提供便利条件，使其能够同现阶段学生的知识渴求得到一定的满足，进一步提升课程的教学效果。

4. 能够反复多次使用的教学资源

在微课的模式下，学生能够按照自身的实际需要，对体育学习活动随时随地的展开，例如，在课程开始之前，学生可以通过微课来预习运动技能、巩固难点和重点、练习课后的动作，等等，上述的这些微课学习途径，在进一步提升教学效果的问题上都能够发挥出有效的促进作用，此外，对微课教学模式的使用，还可以使学生课程学习的积极性得到增强。

二、微课在高校体育教学中的应用

由于微课存在碎片化、突出重点、较强的师生交互性与可重复利用教学资源的特征存在，从体育微课的基本设计原则出发，开发质量较高的体育微课，进一步地改善当前高校体育教学的现状，使学生体育运动项目学习的兴趣得到提高，对于体育方法微课的应用要始终去探索，一般来讲，在高校体育教学中，主要会在以下几个方面将高校体育教学中微课的应用体现出来。

（一）微课应用在学生体育需求调研中

鉴于高校体育教学传统模式中同高校体育教学内容间存在的关联，在高校体育教学实践活动正式开始前，体育教师应该按照课程逻辑将高校体育教学内容中的难点与重点提取出来，同时，还应该同现阶段体育栏目与体育热点新闻相结合，对体育微课进行制作，之后再将已经制作完毕的体育微课利用移动互联网的各种渠道实施学校范围内的广泛传播，通过对微课中学生的点击率与同帖评论内容的考察，体育教师能够有效地评定体育课程内容的合理性，保证体育教师更加深入地了解到学生兴趣与期待，此外。在前期对体育微课进行传播，能够有效地使学生体育学习的积极性得到调动，使学生更加期待即将要学习的新学习内容，使学生的被动学习行为转变向主动学习行为，进而提升学生的体育参与度。

（二）微课应用在体育课程设计中

对于体育微课而言，它不仅补充了传统的高校体育教学模式，还是多媒体时代下高校体育教学发展的必然结果。微课的逐渐出现。使得原本的体育课程设计得到了重新的定义，因此，就需要保证体育课程有理有据，有血有肉。在高校体育教学开展的后期阶段，将以往室内体育理论课与室外实践课分开开展的体育课程设计进行改变，将两者进行融合，同时，对于多媒体时代大数据的时代特征进行考虑，在设计室内理论课的时候，可以以教师和学生的信息数据交流为主，使他们的头脑风暴在体育课程中得到掀起，呈现出更加公平、更加自由的体育课程，此外，在这样的形式下，体育教师的教学思维能够得到更进一步地更新，使学生体育学习的热情得到提升。

（三）微课应用在体育课程教学中

一方面，基于体育时事热点与体育课程的新内容等方面，体育教师能够对新颖的体育新课进行设计，并向微课导入，在体育课堂教学开展的过程中，组织学生集体观看，主要的目的在于吸引学生的注意力，激发他们的体育学习兴趣；另一方面，在高校体育教学实践活动开展的过程中，体育教师可以将复杂动作的教学制作成微课，同时，在体育课堂教学过程中，重复地向学生播放，将更加具体、更加直观、更加生动的高校体育教学过程呈现出来。

体育教师可以根据新课内容和时事体育热点等方面设计新颖的内容导入微课，在课上给学生观看，目的是为了使学生的注意力得到吸引，使学生的学习兴趣得到激发，另一方面，对于高校体育教学中复杂的教学动作，教师可将其制作成微课，在上课过程中对学生进行重复播放，使高校体育教学过程教学更生动、更直观、更形象、更具体。

（四）微课应用在体育课后辅导中

对于高校体育教学而言，每一节体育课堂教学的时间是 1.5 小时，有限的高校体育教学时间，使教师能够面面俱到地讲授内容，想要实现精细化教学几乎是不可能的，所以，一部分学生不能与教学节奏同步或者是学生不能对其所学运动技能充分掌握的情况必定会出现，所以，当体育课堂教学结束以后，教师可以将包含有高校体育教学重点的微课视频向学生发放，以便于学生能够在课堂结束以后，对于已经学习的技术动作进行练习，对课堂上所学内容进行复习，切实保证温故知新，提升学生的学习效果。

（五）微课应用在体育课程分享中

从本质上来讲，分享就是学习，学生们喜欢在朋友圈中分享一些好的视频课程，对身边的朋友、学生进行感染，使学生的学习圈子得到扩大。因此，我们应该对于一种倡导分享精神的学习共同体进行构建，这样能够保证学习共同体成员间能够互相督促，对有用的体育学习信息进行分享。例如，将微课应用在体育舞蹈教学过程中，在校园内学生可以对已经学习到的且比较感兴趣的体育舞蹈课进行分享，使越来越多热爱体育舞蹈的学生能够及时地对学习资源进行获取、分享，同时，学生还可以对校园内其他兴趣一致的学生进行自发组织，安排大家一起对体育舞蹈微课进行学习，保证体育舞蹈社团的更进一步发展得到促进，通过对社团活动的有效组织，例如"快闪"等，使学生的课堂学习以外的生活得到丰富。

第三节　高校体育教学中慕课的应用

一、慕课的概念

（一）授课形式

慕课是一种将在世界各地分布的学习者与授课者通过某一个共同的主体或者话题而联系在一起的方式方法。

几乎所有慕课的授课形式都是每一周话题研讨的方式，并且只会将一种大体的时间表提供给授课者与学习者，但是一般来讲，慕课课程都不会对学习者存在特殊的要求，一般会进行说明的内容比较简单，例如，阅读建议、每一周进行一次的问题研讨、每一周进行一次的问题研讨，等等。

（二）主要特点

1. 规模比较大

所谓的规模比较大特点，指的是网络开放的大规模课程，而不是以个人名义对一两门课程进行发布。我们这里所说的网络开放的大规模，通常是指那些参与者发布出来的课程，这些课程一般会被人们称作是大规模的课程或者是大型的课程，慕课的典型形式就是这些课程。

2. 开放的课程

所谓的开放的课程，一般会对创用（CC）协议严格遵守；可以说，开放的课程，就能够成为慕课。

3. 网络课程

网络课程的相关材料通常在互联网上散步，而不是面对面的课程。此种课程的显著特征就是没有上课地点的特殊要求。在一篇评论文章中，斯坦福大学校长约翰·L·汉尼希（John L.Hennessy）曾经表达过这样的观点，即由学界大师进行授课的小班学习课程存在的水平依然很高，但是，经过证实，网络课程也是一种能够获得高校成果的学习方式。如果相比于大课的话，结果也是仍旧一样的。

二、慕课在高校体育教学中的应用

（一）高校体育教学中慕课的应用价值分析

自慕课引入我国以来，已经过了很长的一段时间，同时对于此种新式的教学方法许多的学校都开始进行尝试，然而，慕课在高校体育教学方面的应用非常的少。实际上，慕课的教学方式在高校体育教学方面也是非常适用的。

随着社会网络的日渐发达，人们每一天都会上网，不管是对网页进行浏览，还是刷微博，我们都必须要承认的是网络在现代人们生活中承担的责任越来越重要，而对于慕课而言，就是对于此种现状进行利用，在学习开展的过程中充分利用网络条件。

除此之外，作为一种学习方式，慕课还具备一定的主动性特征，任何人的监督与强迫都不会对其发生作用，按照自己的个人兴趣爱好，使用者可以选择、学习自己喜欢的运动。同时，慕课所拥有的资源范围是非常广泛的，在高校体育教学开展过程中对慕课进行应用，教师和学生还可以实现对国外高校体育教学资源的分享与使用。

现阶段，学校体育课的开展形式主要是体育教师授课，学生接受学习，即高校体育教学课堂教学中，教师首先进行讲解、示范，之后学生在进行练习。然而，我国大多数中小学、高中体育课的开展时间一般是 45 分钟，当体育课的准备活动做完以后，由体育教师进行体育技术动作的讲解与示范，但是，一堂体育课的时间已经耗费很多，学生们的练习活动无法在剩下的时间展开。对于这个问题，慕课就能够很好地进行解决。

当体育课堂教学结束以后，学生在课后就能够自行复习。在体育微课视频中包含真人操作与讲解，能够帮助学生对于白天体育课堂学习的动作进行复习与记忆。尽管高校体育教学时间长达一个半小时左右，学生能够拥有足够的时间去学习、练习体育运动技术，但是，他们只能对体育课修习一次，由于基本上每一个学期所要学习的内容都是相同的，但是学生上会存在差异，不利于一部分学生深入学习、练习的开展。

在高校体育教学中应用慕课的教学方式，不仅能够保证学生深入学习活动的开展，还有利于学生自己掌握学习进度。同时，由于慕课中存在的学习资源是非常丰富的，有利于学生寻找到适宜自己的运动方式。例如，对于一部分学生而言，可能剧烈的运动不适合他们，所以，他们能够在慕课中对比较适合自己的运动进行寻找，如此一来，不仅能够避免损伤自己身体的情况发生，还能够使体育锻炼的目的顺利实现。

实际上，如今许多家长也比较重视学生的体育锻炼问题，为了保证孩子的健康成长，家长总是喜欢带着孩子从事散步、晨练等体育锻炼活动。然而，这些体育活动的效果能够真正实现吗？大多数的时候，人们通常会认为，只要自己去参加体育锻炼了，那么就会有益自己的健康发展，然而，需要注意的是，如果人们不能应用健康的方式开展体育锻炼的话，那么在浪费了体育锻炼时间的同时，还会在一定程度上造成身体伤害。如果在高校体育教学中应用慕课的方式，那么在体育运动锻炼的过程中，参考标准的动作，去完成体育锻炼，在这样的情况下，就像是一个专业的私人教练陪在自己身边，并对体育锻炼活动进行正确的指导。

（二）慕课应用在高校体育教学中的未来发展

慕课的教学方式在我国的高校才刚刚开始起步，必须要进行一定时间的磨合才能够同我国的教学理念相适应。

基于这样的形式，我国大部分高校应该按照自己学校的特点自行录制慕课视频。同时，在录制慕课视频的时候，可以是多个学校的教师共同参与录制、讨论，然后在对多个优秀的视频进行选择，并且上传到网上，方面学生们进行观看、下载、学习。由于不同的教师在讲课的风格与方式上也会存在不同，而教师们录制的慕课中包含多个教师的教学课程，那么学生就能够对最适合自己的教师进行选择。此外，这样的方面对于大课参与人数多的情况能够进行避免，还能够有效改善学生听课效果不佳的情况。将慕课应用在高校体育教学中，能够使小班教学的目的得以实现。同时，同一学科由多个教师进行录制，能够使比较与竞争更加容易形成，能够帮助学生对于自己的教学缺点更加了解，使高校体育教学质量得到提高。因为慕课在高校体育教学中的应用主要以网上教学为主，所谓的监督制度是不存在的，因此，要求学生的自主学习能力是比较强的。在高校体育教学考核的问题上，计算机考核的方式可以不再使用，体育教师组织学生开展网络学习以后，再安排传统方式的考试即可。只有这样才能够使学生通过计算机检测进行作弊的情况得到有效避免。此外，还能够对于学生通过慕课进行学习的效果得到检测。需要注意的，对于慕课教学的认识，教师与学生应该摆正。

对于慕课教学而言，并没有对教师完全地解放，例如，在高校体育教学开展的过程中，通过慕课教程开展教学的方式是可取的，然而，如果学生出现一些疑问，也只能是对同一个视频进行观看。因此。教师与学生之间的定期交流应该存在，如此一来，不仅能够使教师和学生之间的感情得到增进，还能够对学生的学习产生一定的帮助。在现代网络发展的背景下，慕课的发展是一种必然趋势。将慕课应用在高校体育教学中，能够给教师未来教学的开展带来一定的启示，需要注意的是，在使用慕课方式开展高校体育教学的时候，还应该同国内的高校体育教学情况相结合。

例如，在篮球运动课堂教学开展的过程中，不仅仅要对手指上的动作进行教学，还要对脚上的动作进行教学，更重要的是还要将两者的教学活动紧密地联系在一起。因此，在制作相关慕课的时候，不仅要将这些动作进行分解，还要有一个规范的整体动作，以便于学生学习活动的开展。此外，针对制作慕课的情况，还要对一定的标准进行设定，如果慕课没有达到标准，那么就不能够被使用，这对于慕课的进步与发展是非常重要的。

第四节　高校体育教学中翻转课堂的应用

一、翻转课堂的概念

(一) 含义

翻转课堂的词汇来源是英文词汇 "Inverted Classroom" 或 "Flipped Classroom"，通常是指重新地调整教学课堂内外的时间，从本质上来讲，就是学习的决定权不再属于教师，而是由学生掌握学习的主动权。在翻转课堂教学模式的应用过程中，学生能够在课堂中有限的时间内更专注的开展学习活动，对于全球化的挑战、本地化的挑战、现实世界中存在的问题，教师与学生一起研究、解决，使得获得理解的层次更加深入。

在课堂教学开展的过程中，教师不会再耗费大部分的课堂时间去讲授信息，但是在课堂教学结束以后，学生需要自主地完成这些信息的学习，他们可以利用的方法有：听播客、看视频讲座、对功能强大的电子书进行阅读，或者是通过网络同其他同学互相讨论，综上所述，翻转课堂教学模式应用过程中，不管什么时候，学生都能够对自己所需的材料进行查阅。

此外，教师同每一个学生进行交流的时间也得到了增多。当课堂教学结束以后，学生就能够自主地对学习节奏、学习内容、学习风格与知识呈现的方式进行规划，同时学生的知识需要少不了教师对讲授法与协作法的使用才能够得到满足，使学生实现个性化的学习，最终的目的是通过实践活动保证学生学习活动的真实性。

(二) 主要特点

在很多年以前，人们就对视频教学的方式进行过研究、探索。最直接的证据是：世界上大部分国家在 20 世纪 50 年代的时候就开展广播电视教育。为什么传统教学模式没有受到当年所做探索的任何影响，而翻转课堂教学模式却被人们广泛关注呢？作者认为是由于"翻转课堂"具有几个明显特点所导致的，对于翻转课堂的特点，作者进行了如下的分析：

1. 教学视频的短小精悍

不管是亚伦·萨姆斯与乔纳森·伯尔曼的化学学科教学视频，还是萨尔曼·汗的数学辅导视频，很明显存在一个显著的共同点，即教学视频的短小精悍。即便是较长一点的视频也只有十几分钟的时间，而大部分的视频通常只有几分钟的时间。同时，每一个视频存在的针对性都是比较强的，如果能够对某一个特定问题进行针对，那么也就会比较方便进行查找；应该尽量在学生注意力比较集中的时间范围内控制视频的时间长度，同学生的身心发展特征相适应；在网络上发布的视频存在回放功能、暂停功能等，能够自己进行控制，使学生的自主学习能够得以顺利实现。

2. 教学信息的明确清晰

在萨尔曼·汗的教学视频中存在一个比较明显的特征，即唯一能够在视频中看到的就是他的手,将一些数学的符号不断地进行书写，并且将整个屏幕慢慢地填满,同时，在书写的同时，还有画外音的配合。对此，萨尔曼·汗自己的观点是，在这样的方式中，同我站在讲台上讲课是不一样的，这样的方式就像将我们聚集在同一张桌子前面，一起学习，在一张纸上写下内容使人感觉贴心。这也是同传统的教学录像相比，翻转课堂教学视频的不同之处。如果在视频中出现了教室中的各种摆设物品，或者是教师的头像，那么就非常容易分散学生的注意力，特别是当学生处于自主学习状态的时候。

3. 重新建构学习流程

学生的学习过程一般会有两个组成阶段，即（1）第一阶段，传递信息。其实现需要教师与学生之间的互动、学生与学生之间的互动；（2）第二阶段，内化吸收。需要学生在课堂教学结束以后自己完成。

"翻转课堂"的教学模式使学生的学习过程得到重新建构。第一阶段的传递信息，是在课堂教学开始之前由学生完成的，而教师在对视频进行提供的同时，也对在线的辅导进行提供；此外，第二阶段的内外吸收，是在课堂教学开展的过程中，由互动而实现的，对于学生存在的学习困惑与困难，教师应该提前进行了解，同时在课堂教学开展过程中对学生进行有效的指导，而学生与学生之间的互相交流活动，对于学生内化吸收知识的整个过程，还能够起到一定的促进作用。

4.复习检测的快捷方便

当学生观看完教学视频以后，就会看到视频结尾处出现的几个小问题，通常是四个或五个，能够帮助学生及时检验自己教学内容的学习情况，同时，根据自身的学习情况做出合适的判断。如果对于这几个问题，学生的答案不是很理想没那么学生就应该回放一遍教学视频，对于出现问题的原因仔细思考。同时，通过云平台，将学生回答问题的实际情况及时地进行汇总、分析、处理，使教师对学生学习情况的了解更加客观、全面。教学视频的另一个明显优势，就是能够在经过一段时间的学习以后，方便学生对学习到的知识进行复习与巩固。伴随评价技术的不断发展跟进，使得学生学习的相关环节具有足够的实证性资料支撑，这对于教师真正意义上的了解学生是非常有帮助的。

二、体育翻转课堂的实施策略

（一）做好在线虚拟教学平台的建设

在线虚拟教学平台搭建的主要目的在于为翻转课堂的实施创造前提和基础，这一平台主要包括教学内容上传模块、师生交流与答疑模块、在线测试与评价模块、学习跟踪与监控模块以及学习总结与成果展示模块等。体育教师通过这一平台，就可以将与高校体育教学相关的微视频、幻灯片、各种音频等教学材料向在线虚拟教学平台上传，还可以借助这一平台实现作业发布、在线测验、监控督促、在线交流、在线评价等；学生则可以通过这一平台进行学习材料下载或在线学习，并同体育教师之间实现及时的交流与沟通。

（二）注重评价机制的创新

翻转课堂教学模式下的高校体育教学评价不能限于传统的纸笔测验，评价内容、评价主体、评价标准和评价方法等都应区别于传统教学，否则，翻转课堂的实施就会流于形式。翻转课堂模式下的高校体育教学评价应该把"以评促学""以评促教"作为评价的主要目的，并将学生的进步程度作为评价的主要指标并注重多元化评价的采用，只有这样，评价才能既有针对性又不失全面性。多元化评价主要表现在评价主体、评价内容、评价方法、评价阶段等方面，紧紧围绕促进学生的学和促进教师的教两个方面，最终将提高教学实效作为评价的主旨。

（三）注重提高体育教师的综合素养

无论何种教育教学改革，教师始终是改革成败的核心与关键。作为信息化社会的产物，翻转课堂不仅仅一种先进的教学理念，还是一种先进的教学方法，它对体育教师的综合素养提出了较高的要求。体育教师既是在线虚拟教学平台的搭建者、设计者和使用者；又是教学视频等学习资源的开发者和上传者；既是学生学习与实践的组织者、引导者，又是学生学习成果评价的设计者和评价者；既是学生在线学习情况的监控者和督促者，又是教学设计的完善者。

（四）对体育课堂实效进行追求，对翻转课堂异化进行避免

翻转课堂作为一个新生的事物，虽然它顺应了信息化社会的时代背景，但还没有形成公认的科学实施模式，各个学科对翻转课堂的研究成果较为丰富，但各类研究也存在很多的不足，综合起来主要表现在以下几个方面。

1. 要对弱化体育教师的作用而过度强调以学生为中心的情况进行避免

翻转课堂模式下，体育教师虽然把课堂讲解与示范的时间让位给了学生，但并不代表教师的作用被弱化了，事实上，体育教师的作用变得更加关键，而不是被弱化。课前教学视频的录制和搜集、教学资料的优化与整合、在线虚拟教学平台的建设与管理，课中体育教师的讲解与示范、学生活动的设计与组织，课后学生学习结果的考核与评价、教学方案的优化与修订等，每一项工作都离不开教师的付出。

2. 要对忽视学生课前学习的跟踪和监测而高估学生的自主性的情况进行避免

对于翻转课堂教学模式而言，"掌握学习"使其建构的重要基础。翻转课堂的有效实施离不开学生的自主学习性。作为现实社会中的复杂存在，学生在课堂教学开始之前的在线学习中，并不是每一次都能够针对高校体育教学内容有效的、自觉的学习。因此，教师有必要对学生进行适当的检测与跟踪，它不仅仅能够对学生的技能学习和知识学习的完成起到督促作用，还能够有效培养学生的自主学习能力。

3. 要对忽视学科的差异而一味借鉴其他学科的经验的情况进行避免

现阶段，对翻转课堂教学模式的相关理论研究成果与实践研究成绩，主要是基于其它学科的基础研究。在体育学科的理论等方面的研究还并不十分成熟，在对高校体育教学中翻转课堂教学模式的应用进行研究的视乎，我们对于其他学科的实践经验不可避免地要进行借鉴。但是，学科与学科之间的差异是肯定存在的，在其他学科领域比较适用的理论和经验，在体育学科中不一定能够适合使用。因此，在翻转课堂教学模式进行具体实施的时候，我们应该要把握好体育学科本质特点，应该有选择地吸收、借鉴其他学科的理论与经验，对于生搬硬套的情况要避免发生。

4. 要对偏离翻转课堂的本质而过度追求形式的情况进行避免

实施翻转课堂教学模式的主要目标是在一定程度上提升高校体育教学的时效性，这一点是毫无疑问的。高校体育教学的存在离不开价值的支持与丰富，体育课程教学一种至高境界是对于既正当又有效的高校体育教学进行贯彻，如果过分追求形式而对高校体育教学的效果不够重视的话，那么即便是翻转课堂的教学模式得以实施，也不存在任何的意义。

在高校体育教学改革深入发展的特殊阶段，在广大体育教师积极投身于高校体育教学改革的今天，对于翻转课堂教学模式我们依然应该谨慎地对其缺陷与优势进行审视，尤其是要避免对于偏离翻转课堂的本质而过度追求形式的情况。

三、翻转课堂在高校体育教学中的应用

（一）高校体育教学中实施翻转课堂的价值探析

1. 当前高校体育教学中存在的典型问题

（1）教学指导思想不统一

教学指导思想反映的是体育教师的理念问题，它会直接影响高校体育教学主旨的确定、教学方法和手段的选择以及整个教学组织管理过程，最终影响教学实效。"健康第一""快乐体育""终身体育"等各种体育课程指导思想的提出，有力地促进了我国高校体育教学的发展，但也会让体育教师感觉无所适从，众多的体育指导思想让体育教师很容易迷失教学的主旨，最后只能依据个人理解百里挑一并从一而终。可见，不统一的教学指导思想很容易让体育教师不能全面地理解高校体育教学，最终会影响我国高校体育教学的良性发展。

（2）需要掌握工具性和人文性之间的平衡

对于高校体育教学目标而言，存在三个维度，而里面包含的知识与技能目标能够展示出体育的工具性特征，而态度、情感与价值观目标能够展示出体育的人文性。体育课堂教学所具备的工具性对于实践性与实用性进行强调；体育的人文性对于情感与精神进行强调。

现阶段，高校体育教学能够充分地表现出其工具性特征，然而却容易忽视了人文性方面的特征，体育教师只是对应该教什么内容、怎么样的方式进行教学、学生如何进行学习、学生能否真正学会等问题给予重视，但是却很少关注在体育课程教与学中态度、情感与人格等方面的发展需求。最终导致的结果是，尽管学生已经对体育知识进行了学习，同时还对一定的体育实践能力进行了掌握，但是，在学生的体育实践意识与整体体育素养方面仍需要加强，对于体育课和体育教师，学生往往表现出淡漠的情感，致使"学生不喜欢体育课却喜欢体育""体育锻炼意识与习惯缺乏"的现象时有发生。想要高校体育教学的最终目标得到实现，就需要对高校体育教学的人文性和工具性的统一始终坚持。

（3）缺少个性与人本化

在高校体育教学活动开展的过程中，体育教师通常从主观意识出发，为了能够使传递知识和技能的目的得以实现，体育教师所发挥的作用是至关重要的，这主要是因为体育课堂教学的时间基本上都是在体育教师的示范和讲解中度过，在课堂容量的约束下，学生知识和技能内化的实现根本上是很难的。

在高校体育教学实践活动开展的过程中，体育教师需要面对非常复杂的学习群体，之所以这样说，是因为他们在性格特征、知识基础、学习方式、学习能力、学习习惯与学习需求等方面会表现出较大的差别，因此，体育教师需要深入了解学生的实际情况，同时实施区别对待，展开个性化教学。

（4）学习评价结果的失真

在我国传统的高校体育教学过程中，在统一的标准下对学生进行考核，在按照相关标准由教师进行打分，这样的评价方法尽管看起来是公正的、客观的，但是实际上对于学生的学习效果与进步程度却很难反映出来，而"通过评价促进学习"的目的更是难以达到。学生体育学习的兴趣很难得到激发，其体育锻炼习惯也很难养成。

2. 翻转课堂在高校体育教学中的核心价值

当前，翻转课堂在我国的兴起已经成为不争的事实，但对于翻转课堂的价值进行深入探讨似乎还未引起理论层面的重视。为了更好地应用和推广翻转课堂，对其在高校体育教学中的核心价值予以探讨。

（1）翻转课堂使高校体育教学与信息技术的有机结合得到实现

在信息化社会的今天，学生的生活方式和学习方式发生了深刻的变化，借助手机、电脑等信息化平台进行学习和交流已经成为日常习惯，为适应学生在行为和习惯上的变化，教学信息化在所难免。

翻转课堂作为信息化社会的产物，它使教学与信息技术之间有机结合，高度迎合了学生的日常习惯，改变了传统课堂呆板的模式和形象，使学生的学习变得更加自然和有趣。体育教师通过上传视频、三维动画、PPT 等丰富而直观的教学材料，设置系统有序的学习导航，加上教师对学生客观而有趣的在线评价和在线交流，一个有益于学生身心发展的教学环境被创建出来，这不仅有效增进了师生之间的情感，更提高了学生的学习情趣和自主性，也为体育教师有效组织课中的教学活动奠定了基础，这对提高高校体育教学的实效性是非常有利的。

（2）翻转课堂有助于实现高校体育教学的精讲多练

学生课中学习和练习的时间总量是一定的，新知识、新技能的学习耗时过多，学生从事体育练习的时间势必减少，体育课的健身性以及学生对知识、技能的掌握和内化就会大打折扣，因此，精讲多练符合体育课堂教学的要求。在翻转课堂模式下，课前，学生通过观看教学视频，对高校体育教学内容有了初步的认知，对体育学习中的难点深有感受，在遇到无法解决的问题时，学生通过在线交流平台及时反映给体育教师，这样教师就会对学生的课前学习情况有所把握；课中，体育教师依据学生所反映的问题进行针对性极强的讲解或个别指导，不需要每个问题都进行讲解，这样就省去了很多讲解的时间，学生在课中进行体育实践的时间就被延长，精讲多练的目的自然达到。

（3）翻转课堂使高校体育教学要素的优化组合得到实现

从高校体育教学要素的层面上来讲，翻转课堂同传统的高校体育教学模式之间存在的区别并不是很明显。对于翻转课堂而言，它主要是利用科学合理地重构高校体育教学要素来使高校体育教学的效能实现增值的。我们之所以将翻转课堂判定为一种革命性的高校体育教学方式创新，主要是由于此种教学模式在对高校体育教学要素的各种功能进行准确定位的情况下，体育教师与学生的主体性地位得到了转换，使体育课程的资源得到拓展，促进了高校体育教学目的、高校体育教学方法手段与反馈机制的合理调整，对学生体育学习的良好环境进行创设，进而从质的层面改变高校体育教学的形态与结果。同时，需要注意的是，翻转课堂在组合高校体育教学要素的问题上并不是固定不变的，而是动态的，不是呆板的，而是灵活的。在高校体育教学的实践活动中，按照实际的需要，体育教师对于各教学要素间的组合关系可以随时进行调整以保证特定高校体育教学目的的实现。只有对于这一点充分认识，才能够保证我们能够将翻转课堂作为固定范式进行看待，进而使高校体育教学中应用翻转课堂教学方法流于形式的情况得到避免。

（4）翻转课堂能够促进高校体育教学中素质教育的实施

素质教育的主要目的是对于受教育者的综合素质进行全面提高，而值得注意的是，综合素质的提升离不开人的全面发展，同时，对于学生个性的培养，我们也不能忽略。个性的完善，不仅仅是素质教育开展的价值理念，又是素质教育的目标理念，培养个性、促进人的全面发展是素质教育的真谛。

在翻转课堂教学模式应用的过程中，学生的学习目标是统一的，同时，按照学生的具体实际，体育教师可以对学生的个体目标进行制定。通过对在线高校体育教学视频的观看，可以保证学生自主学习的实现，按照学生的学习能力来确定高校体育教学视频的观看次数，而按照学生的学习基础来由学生自主选择观看的内容；从反馈问题的层面上来讲，通过在线交流平台，学生能够将学习中的问题随时向教师反映，同时，获得教师的及时教导；从学习评价的层面上来讲，体育教师对于学生进行评价的根据是学生的进步程度，同时将小组评价和个人评价融入到最终评价结果之中，这种评价模式有助于让学生明确在学习过程中的优点和不足，并时刻感受到自己在不断提高。

可见，翻转课堂这种个性化的教学模式对于学生端正学习态度、激发学习兴趣、提高沟通能力、培养正确的价值观以及促进学生的全面发展都是有益的。

（三）将翻转课堂教学方法引入高校体育教学的全新高校体育教学模式

我们常说的高校体育教学模式主要是指在一定高校体育教学理念、高校体育教学思想的引导与高校体育教学理论的指导下，因此而建立的各种各样高校体育教学活动的基本框架或者基本结构，一般来讲，高校体育教学模式主要包含了多种要素，即高校体育教学理论依据、高校体育教学原则、高校体育教学程序与学习程序、教学资源与实现条件，以及高校体育教学效果评价，等等。将翻转课堂教学方法引入高校体育教学的全新高校体育教学模式具体包含以下几个方面的内容。

1. 高校体育教学的理论依据

高校体育教学中应用翻转课堂的教学模式主要的思想基础是"先学后教"思想，对于高校体育教学活动中学生主体性进行强调。从高校体育教学的特征与行为心理学原理出发，特别是对斯金纳操作性条件反射的训练心理学进行考虑，对高校体育教学的程序进行确定，具体是：利用视频学习——对于联系吸收理解——再通过视频回顾——互动反馈——强化实践——学习、掌握，并且在这样循环、反复的高校体育教学过程中，对于行为目标进行有效塑造；同时，按照学习的过程与教学的实际效果、学习主体对体育"教"与"学"的活动过程进行不断的完善与创新，促进预期高校体育教学目标与学习目标的实现。

2. 高校体育教学的目标与原则

对于高校阶段的高校体育教学目标而言，主要是为了对中小学阶段高校体育教学目标进行巩固与提高，即体育锻炼的思想、体育能力与体育习惯，对于学生科学、积极、主动参与体育锻炼的行为进行引导与教育，对于现代体育科学中的基础知识、基本技术和技能、方法进行扎根我；使学生体育锻炼的参与意识得到强化，使其体育文化素养得到提高。

为了能够保证高校体育教学目标的顺利实现，对于将翻转课堂教学方法引入高校体育教学的全新高校体育教学模式而言，而教学原则是体育教师应该遵照学生的认知水平与心理发展特征，加工整理高校体育教学内容，高校体育教学设计、制作通俗易懂，同时还能够紧密地联系到自身已经掌握的认知结构，同时，对于优质的、适宜的高校体育教学视频进行选择；对于一个宽松的、民主的、轻松的交互式学习社区或网络教学平台进行构建，对于学习反馈信息及时地掌握，并能够有效地发现问题、解决问题；在对总体学习情况进行把握的条件下，对于个体学习发展的过程给予重视，将高校体育教学过程中与学习过程中学生的主体性作用充分发挥出来，尽可能地使学生自己发展，对存在的问题自己进行分析与解决，同时对于自我认识、能力与技能进行深化、拓展。

3. 高校体育教学程序与学习程序

将翻转课堂教学方法引入高校体育教学的全新高校体育教学模式，其主要基础是优质的交互学习社区与视频资源，因此，可以将高校体育教学程序与学习程序进行如下的设计：对于高校体育教学内容进行预习——对于高校体育教学视频有针对性地进行观看，再进行示范、讲解——使学生学习动机得到激发，对学习过程中的问题进行发现——在课堂教学中由教师对新课进行讲授，对于学生的疑惑进行解答，并进行示范——有学生自主进行练习与实践，对体育学习效果进行巩固——对体育学习效果进行反馈，由教师、学生进行评价——通过资源拓展完善、知识和技能结构的扩展，以及反复练习实践对理解与训练效果进行加强。

4. 高校体育教学的实现条件和教学资源

近些年来，慕课教学平台的快速发展与互联网的广泛普及，创造了良好的条件以便于翻转课堂高校体育教学模式的实施。然而，对于现代高校体育教学来讲，我国的高校体育教学相关视频与学习资料还是相对较少的，所以，我国的体育教师应该从体育课程与教学内容出发，自行制作与设计高校体育教学资源。对于高校体育教学内容而言，主要有理论教学内容与动作讲解、演示的视频，保证体育练习活动的理解性与课余训练活动的实践性。既要有动作示范的要领分析，又要有训练实践的摄像记录视频，此外，还要有拓展性的教学资源和学习资源，以及专题性的研讨问题等。不仅如此，体育教师在组织学生观看教学视频、开展练习活动和训练活动的同时，还要保证在交互社区体育教师能够对于学生的疑惑及时地进行解答、讨论与指导。

5. 高校体育教学效果与评价

将翻转课堂教学方法引入高校体育教学的全新高校体育教学模式，其实施能够使学生体育学习的兴趣得到激发，使学生自主发现、学习、探索、分析、解决问题的综合能力得到培养，同时促进学生技术和技能的提升，同时还能够有效促进学生自主学习能力、社会发展适应能力、互相合作能力的发展与培养，体育教师应该通过交流与活动对学生的学习情况与进度实时地进行了解，还要对反馈信息及时掌握，同时再从所获的情况出发，适当地进行引导，对于学生的学习积极性进行鼓励并充分调动，在高校体育教学与讲解活动开展的过程中，针对不同的学生因材施教。将翻转课堂应用在高校体育教学中的相关活动适宜于小班教学，所以，在大班教学中一般很难实施。而对于学生的评价而言，需要注意的是，它同其他文化课程是不同的，在对其学习好坏进行衡量的时候，不能单纯地将考试成绩作为标准。在学校高校体育教学中，应该对"健康第一"的指导思想始终坚持，同时，还要在体育考试的各个环节中渗透"健康"的标准，对于标准化的项目应该适当地减少技能考试，同时，还要有效改进高校体育教学的评价标准，尽可能地避免学生由于害怕考试而出现的体育厌学心理与逆反心理，此外，对于学生应该积极地引导，使他们加强对高校体育教学的相关认识，使得学生体育锻炼良好习惯的养成得到促进，并且同高校体育教学目标相适应的人性化测试方法要积极构建。

第五章　高校体育资源的开发与优化配置

第一节　高校体育教师的素质现状及改进建议

作为学校教育中不可缺少的一部分，它在实施素质教育和提高人才培养的过程中起到了不可替代的作用。而大学体育老师，肩负着教育事业的重任，任重而道远。加强对学校体育教育的管理，是学校体育教育改革顺利进行的最基本保障。

一、高校体育教师需具备的基本素质

（一）思想素质

为提高学生的综合素质，对教师的道德修养提出了更高的要求。为此，学校体育工作职能部和体育研究室要认真贯彻执行《教育法》和《教师法》，加强对学校体育工作人员的职业操守，树立良好的职业操守；将师德建设纳入规范化、制度化轨道，以促进学校体育教学质量的提升；打造一支"政治坚定、思想过硬、知识渊博、业务素质优良、品德高尚、精于教书、勤于育人的体育教师队伍"。

（二）文化素质

大学体育教师的人文素养是大学体育教育的重要组成部分，是大学体育教育的重要组成部分。所以，身为一名大学的体育老师，不仅要有较高的学历，而且要掌握与之有关的专业知识，要做到博采众长，互相渗透，不断更新、发展、充实自己的知识结构，提高自己的综合教学能力。在此基础上，运用现代教育技术与手段来武装自身，丰富自身的知识，不断提升自身的素质。除此之外，还要进行教育科研，它的目标是

活跃思维，开拓思路，改变思想，探索问题，更新认识，改进教学方法，加强和加深体育老师的教育个性，从而提升自己的人文素养。

（三）身体素质

一般指的是速度，力量，耐力，敏捷，柔韧，平衡，协调等等。作为一名大学体育老师，必须具备较强的体能，在平时的课堂上，通过对运动进行有效的示范，使其形成对运动观念的正确认识，进而对其产生一定的影响。这是由于，新时代的当代大学生不再以健身为目的，而是希望在老师的演示中获得一种美感。体育是人的心理健康、精神健康的重要组成部分。唯有强健的体格，才能在瞬息万变的资讯世界中占据一席之地。

（四）业务素质

一个人的知识水平并不代表他的教学水平。学富五车，名满天下，未必就是好老师。捷克教育家夸美纽斯曾说："以身作则"，这就是老师的责任。但是，与普通老师相比，他们的工作与课堂上和课堂下都有很大的区别，他们与学生之间的交往更多。在教学中，除了对运动要领和练习外，还要对运动进行示范，组织和参与。同时，体育老师自身的道德修养、治学精神和生存观念，对其培养和培养具有重要的指导意义。因此，对大学体育教学工作提出了更高的要求。

（五）心理素质

高校体育教学中，高校体育教学中存在着许多问题。所以，身为一名体育老师，必须具备良好的心理素质。与其他学科的教育相比，体育教育不但要有言语的传授，还要有动作的正确和优美。除此之外，大部分大学的体育课程都是在户外进行的，因此，老师和学生之间有更多的直接接触，因此，老师具有良好的心理品质，能够对学生起到积极的指导作用。

21世纪是一个优胜劣汰的竞争年代。所以，跨世纪的人才一定要有一个好的心态，要能经受住挫折和失败的检验，要习惯并接受挑战，要愿意接受新的东西，要能在短时间内对周围的环境进行调整。但是，人的精神品质的培育是一个不断自我教育、自我改造、锻炼、奋斗和提高的漫长的过程。大学体育老师必须具有较好的精神品质，方能胜任教学工作。

二、提高高校体育教师素质的几点建议

（一）针对高校体育教师普遍学历偏低的现状，鼓励教师进修，或是开设相应的人才培养机构对高校体育教师进行针对性的培训，以提升个人的学历水平。

（二）针对教师知识结构单一的现状，注重丰富教师的知识和能力结构。应该注重专业基础理论、相关教育理论、相关操作知识以及一些相关边缘学科知识的学习。否则就不可能形成合理的知识结构，不能很好地认识客观规律，难以用理论指导实践。当然知识只有通过实践的系统化，概括后才能形成能力。为了适应当前社会的发展和高校教育改革，高校体育教师要通过自学、在职培训、短训、进修、观摩、经验交流会和各种科学论文报告会等多途径、多渠道进行再学习，以达到大力丰富完善高校体育教师的知识结构与能力结构，从而为提高高校体育教师的业务素质奠定坚实的基础。

（三）作为体育教学的特色，教师起码要做到身体力行，会讲会教会做。由于当前高校大量扩招，学生人数增加较快而使体育教师的课时工作量加大，如果把课后的校内体育活动和校院之间的体育活动包括在内，那么体育教师的身心负荷就更大，因此，教师如果没有良好的身体素质作保障就很难圆满完成任务；再者，在教学中轻松优美的动作示范及精力旺盛的教态等都需要有过硬的身体素质。为了延续运动寿命，终生奋斗在教学第一线更需要有扎实的身体素质。由此可见，良好的身体素质是一个体育教师搞好体育工作的基本保证。具备良好的身体素质、过硬的基本技术和技能、一专多能的业务能力，是最受学生喜欢的体育教师，同时也最能发挥体育教师的聪明才智，树立体育教师在学生心目中的形象和威信。因此，高校体育教师应该加强身体素质和过硬的基本技术技能的巩固与提高。最后，高校体育教师应加强师德师风建设，树立既教书又育人的思想。体育教师应该是一个具有开阔的心胸、远大的理想、高尚的师德师风、知识渊博、业有专精、富有创造精神和开拓能力的人。

第二节 高校体育场馆产业化经营的问题与影响因素

在教育的社会化与工业化进程中，我国的高等教育已经步入了市场经济的范畴，而大学的体育场地，是大学的主要财产，也逐渐走向了工业化。目前，我国大学体育场地建设中存在着许多亟待解决的问题。

一、高校体育场馆产业化经营的几个问题

（一）高校体育场馆利用不充分、不合理

目前，我国的大学体育场地利用率不高，大部分大学的体育场地都处于被闲置状态，并且还出现了一些不合理的情况，对体育场地进行工业化运营，最大限度地发挥各类资源的最大效用，使之达到最大限度地发挥作用，实现体育场地的良性、可持续性发展。

（二）管理结构和手段不完善，使经营停滞不前

目前，我国大部分的高等院校对体育场馆进行工业化运营，其原因主要是缺少专业的运营和管理人员，缺少先进的、科学的运营方法。但是，在我国，由于体育场地的运营和管理人员的短缺，使得我国体育场地运营的质量和效益受到了很大的限制。开展体育场馆工业化经营是一种良好的方式，既可以进行物质资源的整合，又可以为人才资源的相互交流，利用对体育场馆工业化经营的方式，可以让经营管理人才可以互相学习，并在一定的范围内展开流动，这对于改善和调整经营管理人员的结构和水平都有很大帮助，从而提升了体育场馆的经营业绩。

（三）高度重视体育场馆的安全

在全世界范围内，对运动场的管理工作首先要考虑的就是安全问题。在体育场地举行重大比赛或事件的时候，人们会争相前往，在传媒的推动下，体育场地会成为大

众关注的热点。需要对体育馆运行中出现的各类意外情况进行科学的预防和控制，从而保证体育馆运行的安全性。

（四）以市场为导向，不断适应和满足市场的需求

在高校体育场馆工业化经营的过程中，一定要时刻关注和分析市场的变化，并对学生和市民的消费动机、行为和消费心理展开分析，对其进行清晰的市场定位，才能持续地满足他们日益升级的体育需要。

（五）突出品牌，兼顾综合经营

高校体育场地的工业化经营，应该打造高校体育场地的特色，是高校体育场地的重要组成部分。要重视对各种类型的运动产品进行全方位的管理，并在此基础上继续推出新的运动产品，以适应不同类型的运动的需要。除此之外，还应该想办法把体育场馆当成一个销售的平台，在对体育产品进行销售的时候，尽可能地将体育场馆与其它一些市场热点行业进行联系，比如：举行音乐会、举行大型的人才招聘和咨询会等，以此来提升体育场馆的利用率。

（六）经营计划的制订必须以市场调研和预测为前提

要制定一个切合实际、行之有效的体育场馆运营规划，要确定运营的当前和长期目标，运营的内容和策略、资源配置、目标顾客等，一定要认真地做好市场调查和市场分析，要对高校的体育需要和外界的周围环境的改变以及对体育场馆无形资产产业化运营产生的冲击做一个完整而深刻的认识，只有这样，制定出来的场馆运营规划，就具有一定的针对性和前瞻性，同时也具有一定的可行性和实效性。

二、影响高校体育场馆产业化经营效益的因素

（一）高校位置与规模对经营产业化经营效益的影响

在对 32 所大学体育场地进行调研后发现，大学体育场地的工业化运营状况与大学的办学规模和区位密切相关。学校的规模愈小，其效益愈低，相反，其效益愈高；区位在城市中心的大学，其经济效果最好，区位在城市中心的大学，其经济效果最好。

大型院校在场馆条件和资金投入水平上具有很大的优势，拥有比较优越的场馆资源，可以为场馆运营提供很好的硬件条件。

（二）经营思想对产业化经营效益的影响

对 32 所大学的体育场馆进行了调研，结果发现，由于缺乏有效的管理措施，使得学校的体育场馆利用率低下。为此，应在运用行政措施的基础上，采取适当的经济措施，以更好地发挥和发挥体育场馆的作用。

1. 价格战略制定

大学体育场馆的票价大致可分为三类：一是学校内外实行统一票价；二是在学校内部和外部的两个定价，学校内部的给予一定的折扣；三是校园内、校园外三个价位，使在校同学享有更为优厚的条件。研究结果显示，实行"三价"的好处更大。

2. 经营手段运用

要搞好运动场的运营，必须运用恰当的广告方法，使运动场的影响力更大，从而使运动场的受众更广泛。"市场营销理念的表现，最重要的是以客户为中心，创造、产出和递送客户所需和觉得有价值的产品，而且这些产品的条件和价格比竞争对手更有诱惑力"。研究表明，市场推广能够给学校产生良好的效益，有市场推广能力的大学要优于没有市场推广能力的大学。

第三节　高校体育经费保障机制的研究

一、高校体育经费保障的途径

当前，高校体育经费的主要渠道有：学校拨款、合作获得资金和学校自筹资金。资金是保证大学体育建设资金安全的重要手段。有限的体育经费，不仅要确保高校的正常体育教学和群体体育工作的进行，还要被用来进行课外的体育训练。由此可以看出，资金来源较为简单，是导致我国高校体育资金短缺的原因之一。

（一）我国高校体育经费保障机制存在的主要问题

学校的"行政指令"仍然是学校运作的主要方式。我国目前的大学体育资金保障体系并未完全反映出市场经济所要求的经济性、竞争性、创造性和灵活性等特点，与我国的大学体育资金保障体系存在着一定差距。

1. 财政保障为主，资金缺口较大

从目前我国高校体育经费保障的渠道中，我们可以发现，资金保障渠道比较简单，以财政保障为主，以自我补给保障为辅，财政担负起了保障资金的重要职责。应当说，在确保高校体育经费的来源以及稳步增长方面，财政保障还有利于政府部门将体育资金有规划地进行整合和集中，从而促进高校体育事业的发展。

2. 体育资源经营不善，经费难形成增量

在人们对运动的关注日益增加的情况下，学校体育管理机构要慎重思考如何通过对这一宝贵的运动资源进行有效的融资，并探索出一条实现自身资本补充的有效途径。当前，我国大学体育是一种"准公共物品"，虽然保证了其公益性，但却没有充分发挥其商业性质。很多能够通过市场机制来实现企业化运营的体育资源，因为其利润很低，甚至没有任何的利润，加之大学对这方面的关注不够，使得体育部门缺少了进行市场化经营的内在动力，导致了使用的效率和效益较低。从目前我国高校体育资源经营的现状来看，其基本形式是体育场馆设施开放，接受周边社会单位、团体人士和校内外学生参加体育锻炼，并适当收取一定的费用。这样一种被动等待的经营方式明显地缺少了对自身进行补充的内在动力和活力，它不能对人们参加体育健身娱乐活动的积极性和主动性产生影响，培育出了一个稳定的体育消费群体，进而推动了体育消费的繁荣，也就不能逐渐地提升回报率，将存量进行盘活，使经费形成增量。

3. 赛事未有效开发，获取经费甚微

许多运动比赛的成功范例表明，若能将运动比赛的潜在价值发挥到极致，不但可以提供所有的运动比赛所需的成本，更是运动机构的一项主要财政资源。但是，我们也应当清晰地认识到，公司（包括个体）在参加投融资活动时，是将市场的动态作为其投资方向的，公司的投资动力是为了寻求投资收益，从而使公司的经济活动能够达到一个良性的投入和产出。在目前的阶段，我们的高校体育竞赛的层次不高，没有很好的观赏性，没有形成体系，没有进行过多的比赛，并且没有跟媒体进行过充分的沟通，这就造成了我们的社会影响很小，人们对它的重视程度很低，它的目标市场很小，这对企业实现提高大众对它的认识，塑造它的产品和企业形象，促进它的销售，提高它的市场地位，取得它的竞争优势等目的都是非常不利的。此外，由于缺少一个能够参加它的市场营销计划和运营的投资和资金来源，这就使得它无法得到很好的发展，也就无法通过销售媒体报道权、门票、商品、特许和赞助等方式来获得更多的资金。

（二）推动高校体育经费保障机制建设

目前，除了要主动为学校的发展提供主要的资金保证保证之外，学校的资金短缺也要靠学校的自身来解决。所以，除了要健全我国大学体育资金的财务保证增长机制外，还要着力建立大学的宏观政策控制与充分利用大学体育资金的基本配置功能，共同构成大学体育资金的自我补充保障机制。这样的自我补充保障机制不仅可以解决由于避免了过多的大学行政介入或过于市场化所造成的弊端，还可以让高校的宏观政策控制和市场机制的作用得到最大程度的发挥，进而推动大学的大学自我补充活动的良性发展。在对大学进行规划、指导和政策支持的基础上，构建出一套比较健全的高校体育经费自我补给保障的激励、约束和竞争等机制，并以系统的形式展开高效、理性的宏观调控，对学校内部和外部各个方面的积极性进行更深层次的激发，对自我补给活动的市场行为进行规范，正确处理好为高校服务与为社会服务之间的关系，同时还要将社会效益和经济效益相统一起来，推动将自我补给活动与市场相结合的更加活跃，最终达到将市场的作用发挥到最大，推动高校体育经费的自我补给的目的。大学生自主补充保障制度的运行，需要在政策上强化对大学生自主补充行为的指导，增加经费投资，使大学生自主补充以学校自主补充为主体；与此同时，高校体育部门要主动为自身补充行为营造有利的环境与条件，对已有的自身补充渠道进行改进，并积极开拓新的自身补充方式，对社会资源进行充分调动，并对所分配的资源进行积极、高效率的利用，逐渐提升自身补充行为的市场化水平，加强资金的自我补充能力。

1. 充分利用体育资源优势，努力使经费形成增量

近几年，由于居民的生活质量不断提升，体育消费人群不断扩大，仅依靠社会的力量已经无法满足大众对运动和休闲的需要。高校体育部门应该对自己的潜能和优势

进行充分挖掘，提升对体育资源的经营程度，转变传统的经营模式，并通过多种行之有效的手段，来提升对体育资源的利用效率和效益，从而实现对体育存量资源的盘活。所以，高校体育部门可以将体育场馆设施较完善、体育师资专业水平较高、体育项目齐全等优势充分发挥出来，积极建立起各类营运的健身娱乐俱乐部，承接企事业单位、社会团体举办的各种体育比赛和文艺演出等，将具有内在吸引力的服务产品作为市场的一个新的卖点，推动消费者市场的发展，从而努力让经费产生增量。

2.科学开发赛事产品，有效获取更多经费

在一个由众多可替换产品构成的行业中，如何提供更高附加值的产品显得尤为关键，唯有提升其品质，方能提升其竞争力，提升其营销实力。所以，我们只需要在不断提升大学生体育竞技水准的基础上，结合市场消费特征，选取适当的竞赛项目，对其进行科学、合理的组织和管理，并以此为基础，积极发展大学生体育竞赛活动的系列产品，以对其认真负责、满足其需要的方式，增强其营销策划和执行能力，减少其市场运行的风险，保障其参加投资的权利，创建自身独有的体育赛事品牌，就可以有效地指导其参加高校体育赛事的投资，并与之建立起长久的联系，逐渐扩大市场的自我补给，获取更多的资金。

二、建立高校体育经费保障机制

（1）拓展观念，树立"健康第一"的指导思想，强化高校体育经费投入力度，是提高高校领导者的办学能力、发展能力和竞争能力的一个综合体现。

（2）保障高校体育经费，不仅应从宏观层面规定国家财政对高校教育的投入比例，从源头上保证高校办学经费的充足，而且应从微观层面规定政府和教育部门以及高校用于体育工作经费的比例，保证在进行经费分配时，切实保障经费的足额投入。以法律和制度化的形式规范经费预算支出比例，可使高校体育经费保障有法可依，并拥有健全的制度和有效的管理。

（3）提高经费的预算等级，赋予经费预算的编制权，在平衡需求和供给的基础上编制经费预算。将经费的分配和管理权划归体育部门，由他们真正行使经费在工作中分配、管理和监控的权利。

（4）政府对高校经费拨款可采用定员定额核定方法，逐步提高生均教育经费拨款标准，使高校教育经费与学生同比例增长，从而促使高校保障生均体育经费的同比例增长。

（5）通过高校体育资源的开发和赛事营销等多种经营活动，不断获取富有创意的收益，并保持长远的观点，制定有远见、适宜的规划，与利益群体建立深厚的关系，走一条通向成功的长远战略路径。

（6）建立激励和监督制度。通过改革分配制度激励教师重视教学。高校应在教师工资和福利分配方面正确处理好教学、课外活动、群体训练、竞赛与科研等工作的关系，引导教师将工作重心投入到本职工作中去，提高他们的业务能力和水平，正确发挥经费的实质作用。

（7）在完善高校体育经费财政保障增长机制的同时，构建高校体育经费的高校宏观政策调控和市场机制相结合的自我补给保障机制应是今后解决我国高校体育经费保障不足的重要途径。一方面建立财政保障持续稳定增长机制，并通过高校宏观政策调控引导高校体育部门自我补给活动的发展，积极引入投融资专业服务机构，提高高校市场自我补给的积极性，增强社会投资主体的信心，形成一个以市场为导向的、长期良性发展的自我补给环境，以促进高校体育部门多元化、多渠道、多形式广纳社会资金；另一方面高校体育部门要加强自我补给活动的研究，掌握其基本规律，完善现有的自我补给渠道，探索开辟自我补给的新路子，形成以体育为桥梁，需要为基础，爱好为导向，供需结合，合作开发，互惠互利的新形势下市场自我补给的运作模式。通过高校体育资源开发、大学生体育赛事营销等多种经营活动，不断获取有创意的收益，并保持长远的观点，制定有远见、适宜的规划和与利益群体建立深厚的关系，走一条通向长远成功的战略路径，从而逐步实现自我补给渠道的多元化，满足新时期高校体育发展的需求。

三、加大高校体育经费投入

（一）观念和指导思想

自改革开放以后，我国大学的体育教育在改革和发展过程中，已经获得了显著的成绩。但是，在面临新的挑战的时候，因为各种主客观因素的影响，大学的教育理念、教育体制、教育结构、人才培养模式、教育内容和教育方式等还都有待创新和发展。

（二）法规、制度与管理的保障功能

学校体育法规制度是学校体育工作的基础，也是学校体育工作的准则。大学的发展需要法律法规和制度来指引方向，明确要求，为大学的发展提供保证。多年以来，为确保高校体育方针政策的有效执行，以及高校体育目标的顺利完成，国家制订并发布了一系列的高校体育法律和重要文件，并指出要进一步健全高校体育工作的保障机制，切实加大资金的投资，为高校进行体育活动创造必要的环境。

（三）经费预算编制方式

在进行高校体育经费支出预算的编制时，要始终遵循"统筹兼顾，量力而行，量入为出，综合平衡，不做赤字预算"的原则，对体育经费的各种支出进行科学合理的安排，在进行预算支出安排时，要先确保能够满足日常维持资金需求，然后才能安排基建资金的支出。在日常的维护经费支出中，应该优先满足体育教学、教师培训、课外群体活动、场地器材维修等经费项目的开支，并在这一基础上，对相关的、次要的、非重点的项目进行适当的安排。

（四）财政拨款方式

目前，高等学校办学经费的来源主要是以上级财政拨款为主要形式的办学经费，这对确保学校办学经费的投资与稳定增长，实现学校办学经费的统筹与集中，具有十分重要的意义。要保证学校的体育投资，就必须对学校间的资源配置模式进行创新，也就是对学校间的资金划拨模式进行创新。

（五）多元化投融资模式

在此基础上，提出了进一步推进我国高校体育投资与融资工作的新思路。首先，要始终履行财政投融资的主体责任，构建出一套可持续、稳定地增加的资金来源，用大学的宏观政策来指导大学体育投资的发展，并积极地引进了投融资的专业化服务机构。激发市场筹资的热情，增加社会资本的投入，建立"积极参与市场"的新理念，为市场导向的长期良性发展创造良好的投融资环境。一是要从现有的基础上，通过多种方式，多渠道，多形式地吸收社会资本；另一方面，要对已有的融资渠道进行改进，并在此基础上，不断地开拓出新的融资途径，最终构建出以体育为桥梁，以需要为基础，以爱好为导向，供求相结合，共同开发，互惠双赢的市场投融资运营模式。为提高大学生运动竞赛的"造血"能力，探讨了大学生运动竞赛营销的科学化途径，并建立起一种适合于大学运动竞赛活动的市场化运营方式。采取多种方式拓宽资金渠道，从社会上募集资金，从内部募集资金，使资金来源多样化。

（六）弱势补偿原则

在目前的大学教学中，最应该遵循的是"补偿原则"，尤其是对大学体育教学的偏爱。高校教育资源投入政策不应该只是一种分配型政策，更应该变成一种再分配政策或调控政策，通过政策的强制性属性，让优势财富向弱势流动，从而达到大学教育工作的平衡发展，从而达到其价值目标，也就是社会正义。大学体育工作中的弱者赔偿，实质上是对过去二元"重智轻体"的一种修正，其实质是对大学体育工作中的一种公平的分配和纠正。

第六章　运动训练的原理与方法

第一节　运动训练的理念及发展创新

一、运动训练理念

（一）教育性训练理念

1. 教育性训练理念的内涵

在运动训练过程中，教练员要重视对运动员的文化教育和素质培养，并注意强调这一方面的重要性，从而使训练和教育紧密地融合在一起，达到训练与教育相结合、相协调、相促进的效果，这对于促进运动训练效果的提高具有积极的作用。

2. 教育性训练理念的理论基础

教育性训练理念的理论基础是多方面的，为了对这一理念有一个更加深入、全面的了解，从以下两个方面来介绍其理论基础。

（1）运动员的健康成长与自身文化教育水平有密切的关系

运动训练是一种社会活动，这一社会活动能否顺利进行，主要取决于教练员、运动员、管理人员和科技人员等相关人员是否能够积极参与运动训练活动，并在活动过程中密切配合。由此可以看出，教练员与运动员这两个运动训练中的主体的知识水平是影响竞技运动发展的重要因素。现阶段，在运动训练过程中，运动员主体性难以得到充分的发挥，而且运动员文化素质的培养也没有得到应有的重视，所以导致了以往运动训练中出现了一系列的不科学的现象，具体表现为以下几个方面：训练方法与手段单一，过分强调身体素质、技战术修养、心理素质等的训练，轻视了对运动员文化和人文素质的培养，使得大部分运动员在激烈竞争的训练和比赛中显得力不从心。这就在很大程度上制约了运动的发展，并且导致运动出现滞缓现象。

（2）运动员运动水平的提高与其自身的文化素质水平相关联

现代运动的较量，主要表现在体能、技能、心智能力等几个方面的较量。在某些条件下，心智能力要比体能、技能更重要，尤其是随着运动员年龄的增长，心智因素的影响就显得更为明显。一般情况下，具有较高运动智能的运动员，之所以能够大幅度提高自身的竞技能力，除了由于能够较为深刻地把握运动的特点和规律，并且能够更准确地认识运动训练理论和方法外，还因为能够对教练员的训练意图有更正确的理解，在高质量地完成预定的训练计划中能够与教练员完美配合。与此同时，更准确地把握运动战术的精髓和实质，在比赛中灵活机动地运用战术，动员和控制自己的心理活动等也是高智能运动员竞技能力水平较高的重要因素。

（二）人文操作性训练理念

1. 人文操作性理念的内涵

运动训练中，人文操作性理念的内涵主要从以下四个方面体现出来：①强调对运动员的尊严与独立的重视；②对运动员思想与道德的关注；③对运动员权利的关注；④对运动员生存状况与前途命运的关注等。

2. 人文操作性理念的理论基础

人文操作性训练理念的理论基础同样是多方面的，下面主要从三个方面来介绍人文操作性训练理念的理论基础。

（1）人的行为的实施在一定程度上受到其自身感知或信念体系的指导

人的行为受其自身感知或信念体系的影响。从人文主义、感知经验主义的角度上来说，人之所以能够有行为，主要是因为有人的感知或信念体系的指导。从人本主义的角度上来说，所谓的人文操纵的方法，就是教练员或领导者必须按照他们的信念体系和他们要领导的运动员或人员的信念体系来认识领导工作。

（2）运动水平的提高，基础性的要求是与自然规律和价值规律相符合

运动是自然规律和价值规律的双重存在。现代运动训练要求讲求科学性，并且符合该项目运动的客观规律。因此，为了取得理想的训练效果，在进行运动训练时，不

仅要符合科学规律，而且还要在追求目标与实现目标的过程中符合人类正常的价值规律。除此之外，不仅要体现人文特征，而且还要将科学性与人文特征相结合、相统一，从而达到真与善的统一。

（3）人的主体性是人文的重点，人与技术的关系因此而更加明确

人文不仅凸显了技术的灵动，而且也摆脱了"技术"对"人"的控制，这就明确了人的主体性以及人与技术的关系。运动训练的过程就是教育的过程，教育重视的是发展内在动力，行动力是由内在动力引导而来的。

（三）技术实践性训练理念

1. 技术实践性理念的内涵

在运动训练过程中，运动员的训练不仅要符合运动训练的一般规律，而且还要符合竞技项目的本质特征及规律。运动员本身具有双重性，他们不仅是技术的主体，同时也是技术的客体。技术的物质手段作为客体，与作为主体的主观精神因素是统一的。

2. 技术实践性理念的理论基础

下面主要从两个方面来介绍技术实践性理念的理论基础，同时这两个方面也是运动员在运动训练中要注意的两个要点。

（1）技术实践性理念要与事物的客观规律相符

技术实践性的基本要求就是求真。具体来说，就是运动的技术实践性的训练要符合事物的客观规律，也就是说运动要与运动项目的本质特征及规律相符。所谓的求真，就是在运动训练过程中，要以运动的本质特点和规律为主要依据，科学指导运动训练过程，力争做到结合实际，并且与事物的客观规律相符合。

（2）技术实践性理念要遵循从实际出发的原则

在现代运动训练中，一切都要以符合实战为主，从实际出发和结合实战是对技战术进行训练最有效的方法。运动员只有通过不断的练习，才能够在比赛中有轻松、熟练和优秀的表现。要想取得理想的比赛成绩，一定要做到积极训练，并且训练要与比赛的情况尽可能一致，最大限度地包括比赛过程中出现的所有因素，这样才能取得良好的训练效果。

二、运动训练理念的发展创新

（一）运动训练的理念需要创新思维

回顾运动训练理念的发展，人们不难发现，运动训练理念一直是在科学理论与实践经验的不断冲突和碰撞过程中得到丰富和发展的。科学理论与实践经验的不断冲突和碰撞激发了竞技体育活动过程中的创新思维。在竞技体育活动中，研究者通常把研究对象的顺序、原理、属性、结构、大小等因素通过改变常规思考和处理方向，从而引发创新的理念，例如，力量训练方法中"正金字塔"与"倒金字塔"训练方法的应用、速度与耐力训练过程中组数与次数的逆变性组合都会对运动训练产生一定的影响；田径径赛规则在田赛比赛中运动员轮次的变化也深刻地体现了逆变的色彩与效用。徐福生改变足球传统技术训练的教材顺序，从相对较难的运球技术入手，以过人突破技术为核心的侧变思维使得足球技术的掌握明显加快; 球类项目中诸多类似"扬长避短""攻其不备"和"黑马奇兵"的战术变化，都是通过部分改变对象的顺序、原理、属性、结构、大小等因素或者是融合了其他思想而引发的创新思维，对竞技体育发展起到了推动作用。

（二）运动训练理念的变化发展

运动训练活动是一种开放的物质活动，总是在不断地拓展和深化，并不是原有物质活动的简单重复，因而必然会产生新情况，涌现新问题。作为训练活动的指导思想也不是一成不变的，当原有的运动训练理念不能有效地阐释新情况和解决新问题时，就要求对运动训练理念进行创新，对运动训练的本质、规律和发展变化的趋势做出新的理论概括。在不同的时期和阶段，随着项目发展的形势和变化的需要，运动队和运动员的具体情况和特点各不相同，训练理念也在不断变化。这种变化反映了人们在使自己的思想符合客观实际，以形成正确的指导思想，促进训练的发展。不过，理念的主观形式与客观实际的统一也不是绝对的，而是相对的，因为人们的认识只能相对地逼近客观实际，而不可能穷尽客观实际。因为事物的发展变化是相对的，不以人的主观意志为转移。随着运动训练实践的进一步发展，原来与客观实际相统一的理念又变得不那么一致了，并且差距越来越大，于是又需要创新。在当代科学技术快速发展并向竞技运动训练大规模介入和渗透的背景下，运动训练发生了深刻和巨大的变化，教练员的训练理念也在不断进行着补充与更新。实践已经证明，一个运动员成绩的快速提高，乃至一个运动项目水平的快速发展，往往都与教练员训练理念的补充和更新密切相关。科技的进步、经济的发展、社会的繁荣，为运动训练理念的发展提供了必要的条件，同时也会催生出更新的运动训练理念，而原有的运动训练理念不会像人们所预言的那样进入衰退期甚至是衰亡期，而是经过一段时间的调整后，立足自身的优势，借鉴其他学科的长处，对自身进行有效的改造而获得新的发展。

第二节　运动训练的基本原理及原则

一、运动训练的基本原理

（一）运动训练的运动学基础

运动学基础主要指的是运动技能的基础。所谓的运动技能是指人体在运动中掌握和有效地完成专门动作的能力，也就是在准确的时间和空间里大脑精确支配肌肉收缩的能力。提高运动技能依靠人们对人体机能客观规律的深刻认识和自觉运用。

1.人体运动系统的构成

（1）肌肉

肌肉组织主要由肌细胞组成，肌细胞为细长的细胞，故亦称肌纤维，是肌肉的基本结构和功能单位。每条肌纤维外面皆由一层薄的结缔组织膜包裹，称为肌内膜。数条肌纤维构成肌束，一个个的肌束表面也由肌束膜包裹。肌束再合成从外表看到的一块块肌肉，外面包以结缔组织膜，称为肌外膜。肌肉中，水分约占 3/4，另外 1/4 为固体物质（如能量物质、蛋白质、酶等）。

人在参加运动的过程中，其动力是由骨骼肌不断地运动来提供的，骨骼肌在神经系统支配下，收缩牵动骨骼，维持人体处于某种姿势，或产生人体局部运动，最终促进机体完成运动所需的各种动作。人体内脏器官的活动也离不开相应的平滑肌和心肌的作用。

骨骼肌是指附着于骨骼上的肌肉，是肌肉的一种。骨骼肌在人体内分布广、数量多，是运动系统的主体部分。人体内约有 400 块大小不一的骨骼肌，约占体重的36% ~ 40%。成年男性约占 40%，成年女性约占 35%。可分为中间庞大的肌腹和两端没有收缩功能的肌腱，肌腱直接附着在骨骼上。骨骼肌收缩时通过肌腱牵动骨骼而产生运动。肌腱由排列紧密的胶原纤维束构成，肌腱内胶原纤维互相交织成辫子状的腱纤维束。肌腱的一端与肌内膜、肌束膜和肌外膜相连接；另一端与骨膜紧密结合。肌腱本身虽无收缩能力，但能承受很大的拉伸载荷，而肌腹的抗张力强度远远不及肌腱。

（2）骨骼

骨骼是由骨膜、骨质、骨髓及血管、神经所构成的，它以骨质为基础，表面被骨膜包裹，内部充满骨髓。骨骼是人体运动系统的重要组成部分，对运动员的运动训练起着至关重要的作用。但是骨骼的功能不仅仅体现在它的运动功能上，它还有支撑身体的功能、保护脏器的功能、造血的功能、运动的杠杆功能、储备微量元素的功能。

（3）关节

关节是骨与骨之间借助于结缔组织、软骨或骨的一种连接。借助它连接起全身的骨骼，从而对整个人体起到支撑和保护的作用，特别是人体的运动更加依赖关节的活动是否顺畅。

关节主要是由关节面、关节囊和关节腔所组成的，辅助以韧带、关节内软骨和关节唇等结构。根据关节运动轴的多少和关节面的形状等因素，可以将关节分为单轴关节、双轴关节和多轴关节三种形式。也可以根据两骨间连接组织的不同，将关节分为纤维性关节、软骨关节和滑膜关节。

2.运动过程中人体机能的变化

（1）比赛前后身体机能变化的基本过程

在运动训练的过程中，多重刺激源作用于运动员机体，引起各器官系统的机能发生一系列变化。依据机能表现形式，大致可分为赛前状态、进入工作状态、稳定状态、运动性疲劳和恢复过程五个阶段。

①赛前状态

运动员在训练前，某些器官、系统产生的一系列条件反射性变化称为赛前状态，赛前状态可出现在比赛前数天、数小时或数分钟。

②进入工作状态

在训练活动开始后，虽然经过了一定的准备活动适应，但是人体并不能立刻达到最高的水平，而是一个逐步提高和适应的过程，这一过程被称为进入工作状态，其实质就是人体机能的动员。

③稳定状态

当机体逐渐适应比赛时，则进入稳定状态，这时，人体的机能活动在一段时间内保持在一个较高的变动范围。

④运动性疲劳

机体在运动过程中会产生一定的运动能力暂时下降的现象，一般称之为运动性疲劳。该现象是由运动训练负荷引起的一种正常的生理现象。适度的疲劳可以刺激机能水平不断提高，但发展到一定程度时就会出现过度疲劳，可能会造成机体损伤以致损害健康。

⑤恢复过程

恢复是指人体在运动之后，人体的各项生理功能恢复、能源物质补充、代谢物排出等一系列变化。运动时体内代谢过程加强，不间断地代谢以满足运动时能源的补充需要，在运动中及运动停止后能源物质都在不断进行补充和恢复，只不过运动中的能量消耗大于补充，运动后的体内能量消耗慢而小于补充。

（2）一次训练中身体机能变化的基本过程

人在运动的过程中，运动训练负荷作为一种刺激，必然会引起各器官系统机能发生一系列应激性反应。在运动训练前后，这些反应可表现为耐受、疲劳、恢复和消退等不同阶段。

①耐受阶段

在运动训练开始阶段，人体的各项机能会在一定的水平上维持一段时间，并不会马上表现出衰减或降低，这一阶段称为"耐受阶段"。在这段时间内，由于机体已经从上次训练课中得到不同程度的恢复，会表现出比较稳定的工作能力，能高质量地完成各项训练任务。训练的主要任务正是在这个阶段完成的。

②疲劳阶段

在经过一定时间的运动训练负荷的刺激，人体会产生一定的疲劳状况，机能能力和效率都会逐渐下降。达到何种程度的疲劳深度，正是训练安排所要达到的目的。只有机体达到一定程度的疲劳，机体在恢复期才能发生结构与机能的重建，运动能力才能不断得到提高。

③恢复阶段

训练结束后，即进入了恢复阶段，机体开始补充所消耗的能源物质、修复和重建所受到的损伤并恢复紊乱的内环境。机体在恢复阶段恢复的速率，主要受两方面影响：一方面，身体的耐受阶段持续时间的长短，耐受阶段持续时间越长，则疲劳程度越深，恢复需要的时间就越长；另一方面，运动结束后能量的补充是否及时，能量补充越及时到位，则恢复的速度越快。

④消退阶段

超量恢复不会一直持续，它会随着时间的进行而逐渐消失，而如果不及时在超量恢复的基础上施加新的刺激，已经形成的训练效果就可能会逐渐消退。

运动效果保持的时间和消退速率主要取决于超量恢复的程度，所出现的超量恢复现象越明显，保持的时间相对越长。因此，在安排运动训练的内容时，不仅应重视训练负荷安排的合理性，而且必须重视运动训练后的恢复，并在出现超量恢复后及时安排下一次训练。

3. 运动训练对人体运动系统的影响

经常参加运动训练对人体运动系统有着重要的影响，其影响主要表现在以下几个方面。

（1）运动训练对肌肉的影响

参加运动训练能够充分地发展骨骼肌，使其肌纤维增粗，肌肉的体积增大，肌肉力量增加。该项运动能够使肌纤维中线粒体数目增多，肌肉中脂肪减少，从而减少肌肉收缩时的摩擦，即肌内膜、肌束膜、肌腱和韧带中的细胞增殖、增厚、坚实、粗壮；

肌肉内化学成分发生变化，如肌糖原、肌球蛋白、肌动蛋白和水分等含量都有增加，从而使三磷腺苷加速分解，与氧的结合能力增强，有利于肌肉收缩，表现出更大的力量；可使肌肉中毛细血管增多，改善骨骼肌的供血功能。因此，经常参加运动训练的人的肌肉会显得发达、结实、健壮、匀称有力，收缩力强，运动持续时间更长。

（2）运动训练对骨骼的影响

青少年新陈代谢旺盛，在这一时期进行合理的运动训练，对骨的生长和发育有着良好的作用。经常参加运动训练，可使骨表面的隆起更为显著，骨密质增厚，管状骨增粗。这一系列骨形态结构的改变，使骨的抗压、抗弯、抗折断和抗扭转等机械性能得到提高。

骨的这种良好变化，与肌肉的牵拉作用有密切关系。肌肉力量的增加与骨量的增加有着显著相关性，且骨量增加部位与肌肉训练部位有关。当肌肉力量增大，肌肉收缩对骨骼产生的应力刺激可有效提高成骨细胞的活性。

（3）运动训练对关节的影响

定期适量的运动训练可以使骨关节面的密度增加，骨密质增厚，从而越发能够承受更大的运动训练负荷。由于运动训练项目不同，它对关节柔韧性所起到的作用也就不同。如乒乓球、羽毛球、篮球等项目，对于参与者的急转、急停能力的要求极高，这就需要参与者拥有良好的关节柔韧性。同时，关节的稳固性和灵活性又是一对矛盾，因为肌肉力量大，韧带、肌腱、关节囊就会增厚，这对关节稳固性和防止关节损伤有很大好处，但这样又势必会影响关节的灵活性。所以，在进行运动训练时，运动者要处理好关节的这对矛盾。

（二）运动训练的生理学基础

1. 物质代谢

食物中包含多种营养素，人体从食物中摄取各种营养物质，经血液循环输送到各人体器官，通过相应的代谢为人体提供能量。糖、脂肪和蛋白质等营养物质经人体吸收后，人体的组织、细胞一方面通过合成、代谢构建和更新自身储存的能源物质，另一方面通过分解代谢（氧化分解）以产生能量。物质代谢又主要包括以下几种：

（1）脂肪代谢

脂肪分解代谢产生的能量是长时间中低强度运动的主要供能物质。人体的肌肉组织中储存着少量的脂肪，在运动时产生一定的能量。

（2）糖类代谢

食物中的葡萄糖经消化吸收后，汇集于门静脉，经肝脏进入血液循环，其中大部分运到各组织合成为糖原和含糖化合物，其中最主要的是到肝脏中合成肝糖原储存，一部分转变为脂肪和氨基酸，血液中保留的一部分糖称为"血糖"，另一部分直接供组织氧化利用放出能量，同时产生 CO_2 和 H_2O 并将其排出体外。糖的氧化分解是供应人体活动所需能量的主要来源，全身各组织都能进行这一反应。

（3）蛋白质代谢

蛋白质是人体生命活动的重要组成部分，也是人体重要的能源物质之一，与机体运动之间存在非常紧密的联系。它在调节机体各种生理功能中起着不可替代的作用。

2. 能量代谢

（1）人体物质能量储备

人体通过消化系统摄取必要的能量物质，这些物质在人体中通过生物氧化反应，分解成一些代谢物，同时释放出大量的能量，这些能量通常大部分以热能的形式释放于体外，还有一部分则转化为化学能。

在进行不同项目的训练时，运动者应根据自身的年龄、身体条件以及个人需要来选择适合的能量系统作为主导作用的运动项目，同时还要注意所选择的运动手段和项目的科学化。

（2）运动中三大供能系统活动的关系

在人体运动过程中，人体运动形式的不同，则其不同的能量代谢系统提供能量的能力和速率也会不同。磷酸原系统和乳酸能系统都供应能量，但 ATP 和磷酸肌酸的最终合成以及糖酵解产物乳酸的消除却要通过有氧氧化来实现。所以，肌肉活动所需能量的最终来源是糖和脂肪的有氧氧化。人体中磷酸原系统供能的绝对值不大，在运动中维持的时间也很短，但是能在短时间内快速作用。

总体来说，人体在运动过程中，各供能系统之间的关系与运动训练负荷的强度和持续时间密切相关。在 0 ~ 180 秒最大运动时，各供能代谢系统的基本活动主要表现为如下特点：在 1 ~ 3 秒的全力运动中，基本上由 ATP 提供能量；在完成 10 秒以内的全力运动时，磷酸原系统起主要供能作用；30 ~ 90 秒最大运动时以糖酵解供能为主；约为 2 ~ 3 分钟的运动，糖有氧氧化提供能量的比例增大；而超过 3 分钟以上的运动，则基本上是有氧氧化供能。

随着人体运动时间的延长，供能物质由以糖有氧氧化为主逐渐过渡到以脂肪氧化为主。总之，人体在运动中，并不是由一个供能系统完成供能的，在有一个主要的供能系统基础上，其他的供能系统也会参与其中，共同完成人体运动所需要的能量供应。每个供能系统都有其独特的特点和供能能力，供能系统不同，所需要的能源物质也不同，运动中的输出功率和供能时间也会有明显的差异。

3. 运动与呼吸

运动员在运动训练的过程中，机体与外界环境之间的气体交换称为呼吸。呼吸系统包括呼吸道和肺，而呼吸道是一系列呼吸器官的总称，这些器官包括鼻、咽喉、气管、支气管。人体的呼吸过程由外呼吸、内呼吸和气体运输三个环节构成。

呼吸系统是氧运输系统的重要组成部分，其主要机能是实现机体与外界环境的气体交换，以使血液中的氧分压、二氧化碳分压、酸碱度维持在正常生命活动所允许的范围之内。人体通过肺实现与外界气体的交换，通过血液实现气体的输送和排出。人体在运动时，机体代谢旺盛，所需氧量及二氧化碳排出量明显增加，呼吸系统加强，所以运动训练（特别是耐力训练）必将使呼吸系统的形态、机能产生适应性变化。

呼吸肌主要是膈肌和肋间外肌。当膈肌收缩时腹部随之起伏，肋间外肌收缩时胸壁随之起伏。因此，以膈肌运动为主的呼吸形式称腹式呼吸，以肋间外肌运动为主的呼吸运动称胸式呼吸。成人的呼吸一般都是混合式的。呼吸形式与年龄、生理状态、运动专项等因素有关。在进行运动训练时，要根据动作的特点灵活转变呼吸方式。

4. 运动与心率

心率是运动生理学中最常用而又简单易测的一项生理指标。在运动实践中常用心率来反映运动强度和运动训练对人体的影响，并用于运动员的自我监督或医务监督中。成年人静息时心率在 60 ~ 100 次/分，平均为 75 次/分，但随着年龄、性别、体能水平、训练水平和生理状况的不同而有所不同。

一般来说，人的心率会随着年龄的增长而有所减慢，至青春期时接近成年人的频率。在成年人中，女性心率比男性快 3 ~ 5 次 / 分。有良好训练经历或体能较好者心率较慢，尤其是优秀耐力运动员静息时心率常在 50 次 / 分以下。在运动的过程中，人的心率会逐渐加快，随着运动强度的增加，心率也会相应地增快，因此，心率也是判断运动训练负荷的一项简易的指标，能够在一定程度上反映运动员的体能水平以及运动训练的水平。

二、运动训练的原则

运动训练的原则是运动员参加运动训练需要遵循的基本准则。这些原则是在长期的运动训练实践中积累起来的具有普遍意义的概念总结和有关科学研究的成果，反映了运动训练的客观规律。运动训练中运动员如不遵循这些基本原则，盲目地进行训练，不仅不能促进身心全面发展，获得良好的训练效果，反而易引起运动损伤或者运动性疾病，损害健康。下面对运动训练的基本原则进行具体介绍。

（一）竞技需要原则

竞技需要原则即指根据提高运动员竞技能力及运动成绩的需要，从实战出发，科学安排训练的阶段划分及训练的内容、方法、手段和负荷等因素的训练原则。贯彻这一原则可使训练更好地结合专项的特点和专项竞技比赛的需要，提高运动训练的专项针对性、实战性和实效性，争取获得满意的竞技比赛成绩。

贯彻竞技需要原则，需要注意以下几个方面。

第一，要围绕运动训练的基本目标，全面安排好训练和比赛。

第二，正确分析专项竞技能力的结构特点。每个运动项目由于其专项的特异性，决定了其竞技能力构成因素的差异性。对不同专项竞技特点和运动员竞技能力结构特点的分析，正是确定不同项目训练负荷内容的重要基础。

第三，依据竞技需要原则的要求，负荷内容和手段的选择是由不同专项竞技能力的主要因素与运动员自身的具体情况决定的。

第四，注意负荷内容的合理结构，因此，在训练过程中，在熟练掌握合理动作的基础上，应将主要精力放在如何更有效地提高体能水平上，以获得更大的力量、更快的速度和更强的耐力来实现竞技水平的不断提高。同时，对同一项目的不同运动员，还要求根据运动员自身竞技能力的特点和对手的特点，安排好心理训练的内容和手段。

（二）动机激励原则

所谓动机激励原则，指的是促使在运动员以个体为主的运动训练过程中，更好地激励其培养具备良好的运动训练动机和行为，在完成训练任务的过程中更加积极主动的训练原则。在运动训练中，要通过各种合理的途径和方法激励运动员主动从事训练。

遵循动机激励原则就是要不断激励运动员的运动训练积极性和主动性，培养其自我调控能力、独立的思考能力以及创造能力。其有如下几个方面的具体要求。

第一，要满足运动员的基本生活需求。实践证明，人们只有在基本的物质得到一定的保障之后，才会进行更好层面的追求。所以，在运动训练中，运动员的物质生活需求要得到一定的保障，同时还要注意其人身安全等。只有这样，才能更好地引导其形成实现自我价值的更高层次的目标和追求，从而才能产生良好的运动训练动机。

第二，要对运动训练的目的性和运动员正确的价值观进行培养，使其逐步形成自觉从事运动训练的态度和动机，引导其从不同的角度和层次认识参与运动训练的意义和价值，培养其正确的价值观。

第三，在运动训练中，要以运动员为主体。这就要求教练员在对运动员进行运动训练时，必须注意以下几个方面：一是明确运动员的主体地位；二是要注意有意识地培养运动员独立思考的能力，三是要引导运动员提高和加强自我反馈的能力，培养运动员进行自我分析和评价的能力。

第四，在运动训练中，要选择科学的训练方式。对于过去那种简单、粗暴的"从严"训练方式，教练员要在正确认识和理解"从严"含义的同时，结合现代科学合理的方式对其进行调整和改变。

（三）适宜负荷原则

在训练过程中，要根据训练任务、对象水平与要求，科学合理地在各个训练环节中提高运动训练负荷量，直至达到最大负荷要求，这就是所谓的适宜负荷原则。因此，首先要以训练任务和对象水平及每个练习的目的、要求、负荷为主要依据来对运动训练负荷进行科学合理的安排。在训练过程中，运动训练负荷要经过加大、适应、再加大、再适应这样一个逐步提高的过程。

在球类运动的训练中，加大运动训练负荷，直至最大限度，首先要从训练任务和运动员身体状况、机能能力和训练水平出发，考虑运动训练负荷安排的合理性。训练过程的不同时期、周期、阶段及每一节训练课的任务都有所不同，运动员承受运动训练负荷的能力也不同，这主要反映在运动员承受负荷能力的大小和恢复的快慢上，以及对负荷强度和负荷量的承受能力上。因此，只有根据训练的不同任务和运动员的训练水平安排运动训练负荷，才是合理的。同时，在运动训练过程中，运动训练负荷的加大必须循序渐进。在加大运动训练负荷过程中要处理好负荷量和负荷强度的关系，掌握好负荷与恢复的关系。除此之外，需要注意的是，运动训练负荷的增加必须达到极限。因为只有极限负荷的刺激，才能将运动员机体的机能潜力充分挖掘出来，并且经过不断地训练形成超量恢复，才能够提高运动员的身体素质和运动水平，才能够达到参加激烈比赛、创造优异运动成绩的要求。

（四）周期安排原则

周期安排原则是指周期性地组织运动训练过程的训练原则。依运动员机体的生物节奏变化规律，竞技状态形成与发展的周期性规律，以及运动竞赛安排的周期性特点，按一定的动态节奏，逐步提高安排训练内容和负荷量度。

贯彻周期安排原则要掌握以下几点。

1. 掌握各种周期的序列结构

了解各种周期的时间构成及其应用范畴，对于教练员在训练实践中贯彻周期安排训练原则是一个必不可少的重要条件。

2. 选择适宜的周期类型

贯彻周期安排时，要考虑到选择适宜的周期类型。例如，确定年度训练的安排时是采用单周期、双周期还是多周期；第一周期的训练应该是加量周期、加强度周期还是赛前训练周期。

3. 处理好决定训练周期时间的固定因素与变异因素的关系

周期安排原则的依据是人体竞技能力变化和适宜比赛条件出现的周期性特征，其中，后者是决定训练周期时间的固定因素，而前者则是变异因素。因为重要比赛日程的安排通常与某个项目最适宜的比赛条件的出现是一致的，而且通常在上一年度即已确定。尽管人体本身受着生物节律的影响，但它并非绝对不变，人们完全可以通过训练安排使其在特定的时间里表现出最佳的竞技状态。竞技状态的发展过程是可以由人来控制的，教练员应努力做到有把握地调节这一变异因素，使之与特定的比赛日程安排相吻合。

4. 注意周期之间的衔接

把一个完整的训练过程划分成若干个较小的周期之后，人们往往会忽视各周期之间的衔接，主要表现在注重训练过程的阶段性而忽略了连续性。整个训练过程中不同时间跨度的周期组成了一个连续发展的过程，因此在具体的训练过程中应特别注意周期之间的衔接。

（五）区别对待原则

区别对待原则是指在运动训练中要根据运动员各方面条件及不同训练条件和不同训练任务等，有区别地确定训练任务，对训练方法、内容、手段和负荷有相应的安排。

运动员在身体条件、心理品质和个性特征等方面都表现出明显的差异，因此在训练中要始终遵循和贯彻区别对待的原则。贯彻区别对待原则，有利于发掘运动员的潜力，防止训练中个别人脱离整体现象，只有进行正确的区别对待，有的放矢地进行训练，才能取得良好的训练效果。

（六）直观训练原则

直观训练原则是一种非常重要的运动训练原则，它是依据直观性与动作技能形成的教学论原理所确立的大学生运动员必须遵循的准则。其主要目的是为了使这些大学生运动员能更有效地完成技术、战术和智力训练的任务。在教学过程中，直观性教学有很多种手段和方法，而且现代运动训练更加强调直观性原则的运用。

运动训练中，尤其是训练初期，遵循和突出教学训练的直观性十分重要，具体来说，应注意以下几点。

1. 合理地选用直观手段

选用各种直观手段时要注意选择那些目的性最强、最有成效的手段，并必须明确所选的各直观训练手段所能解决的主要功能，并根据不同对象、不同运动项目和训练内容的特点，选择和应用有针对性的直观手段。

2. 根据运动员的个体特征选择直观手段

选择和运用符合运动员个体的特点及训练水平的直观手段，且对不同训练水平运动员在训练时，应采用不同的直观方法和手段，同时，还要注意采用不同的训练强度。

3. 运动训练中，应先进行直接示范

使运动员掌握到一定的水平后，再通过录像、图解、直接观摩优秀运动员的表演和比赛等手段，同时结合清晰、准确、形象的讲解，以及教练员对运动员技术动作的观察分析，经过研究讨论，来启发训练者进行积极思维活动，并逐步找出体育运动的规律性。

4. 注意掌握运用直观手段的时机和方法

要根据不同年龄阶段运动员的感觉器官发育的敏感发展期的不同，合理地选择和运用直观手段。教师可用语言信号、固定的身体姿势或慢速动作，来加深运动员对空中的方位、肌肉用力情况进行体会等。

（七）系统训练原则

在现代运动训练中，只有坚持进行多年不间断地系统训练，才能对所要掌握的运动技能进行不断重复和巩固，才能完成运动技能系统化积累。另外，这种多年的系统性训练也是在现代竞技运动中获得优异运动成绩所不可或缺的一环。多年的系统训练和周期性训练是贯彻系统性原则的重要手段。

（八）适时恢复原则

适时恢复原则是指及时消除运动员在训练中所产生的疲劳，并通过生物适应过程产生超量恢复，提高机体能力的训练原则。在运动员疲劳达到一定程度时，应依照训练的统一计划，适时安排必要的恢复性训练，采取有效的恢复措施，使运动员的机体迅速得到充分的恢复和提高。

第三节 运动训练的方法及创新性探索

一、运动训练的方法

运动训练采用的方法有很多，具体要根据实际情况和需要进行有针对性的选用，以达到最佳的训练效果，下面介绍几种常见的训练方法。

（一）分解训练法

分解训练法指的是将完整的技术动作或战术配合过程合理地分成若干个环节或部分，然后按环节或部分分别进行训练的方法。在需要集中精力完成专门训练任务，对主要技术动作和战术配合环节的训练进行加强时，适合采用分解训练法进行训练，这样可使训练取得更高的效益。分解训练法有着自己的适用范围，主要适用情况包括技术动作或战术配合过程较为复杂、可予分解，且运用完整训练法又不易使运动员直接掌握的情况下，或者技术动作、战术配合的某些环节需要较为细致的专门训练。

单纯分解训练法、递进分解训练法、顺进分解训练法、逆进分解训练方法是较为常见的四种分解训练法类型。

（二）完整训练法

完整训练法指的是从技术动作或战术配合的开始到结束，不分部分和环节，完整地进行练习的训练方法。完整训练法的运用可以帮助运动员对技术动作或战术配合进行完整的掌握；良好的保持技术动作或战术配合的完整结构和各个部分之间的内在联系。

完整训练法具有广泛的适用范围，既包括单一动作的训练，也包括多元动作的训练；既有个人成套动作的训练，也有集体配合动作的训练。但是在不同的范围内运用时，要注意有所侧重。

（三）持续训练法

持续训练法是指负荷强度较低、负荷时间较长、无间断地连续进行练习的训练方法。练习时，平均心率应在每分钟130～170次。持续训练主要用于发展一般耐力素质，并有助于完善负荷强度不高但过程细腻的技术动作，可使机体运动机能在较长时间的负荷刺激下产生稳定的适应，内脏器官产生适应性的变化；可提高有氧代谢系统供能能力以及该供能状态下有氧运动的强度；可为进一步提高无氧代谢能力及无氧工作强度奠定坚实的基础。

根据训练时持续时间的长短，可以将持续训练法分为短时间持续训练方法、中时间持续训练方法、长时间持续训练方法三种类型。

（四）间歇训练法

间歇训练法是指对多次练习时的间歇时间做出严格规定，使机体处于不完全恢复状态下，反复进行练习的训练方法。运动员在严格的间歇训练过程中，心脏功能能够得到明显的增强；通过运动训练负荷强度的调节，机体各机能与有关运动项目相匹配的适应性变化也会产生；通过不同类型的间歇训练，可以有效地发展和提高糖酵解代谢供能能力；通过对间歇时间的严格控制，可以使运动员在激烈对抗和复杂困难的比赛环境中发挥出更加稳定的技术动作；在较高负荷心率的刺激下，有利于促进机体抗乳酸能力的提高，从而能够保证运动员在较高强度的情况下仍具有持续运动的能力。

高强性间歇训练方法、强化性间歇训练方法以及发展性间歇训练方法是间歇训练法的三种基本类型。

（五）变换训练法

变换训练法是在综合考虑实际比赛过程的复杂性、对抗程度的激烈性、运动技术的变异性、运动战术的变化性、运动能力的多样性以及中枢神经系统的灵活性等因素的情况下提出的。所谓的变换训练法就是指对运动训练负荷、练习内容、练习形式以及条件进行变换，以使运动员的积极性、趣味性、适应性及应变能力得到提高的训练方法。通过运动训练负荷的变换，能够产生机体与有关运动项目相匹配的适应性变化，从而使承受专项比赛时不同运动训练负荷的能力得到提高。通过变换练习内容，能够使运动员的训练更加系统，并使运动员的不同运动素质、运动技术和运动战术得到协调的发展，从而使之具有更接近实际比赛需要的多种运动能力和实际应用的应变能力。

依据变换内容的不同，可以将变换训练法分为形式变换训练方法、内容变换训练方法和负荷变换训练方法三种类型。

（六）重复训练法

重复训练法指的是多次重复同一练习，并在两次（组）练习之间安排相对充分的休息时间的训练方法。采用重复训练法，多次重复同一动作或同组动作，经过不断强化运动条件反射的过程，有利于运动员对技术动作的掌握和巩固。通过相对稳定的负荷强度的多次刺激，可使机体较高的适应性机制尽快产生，有利于运动员身体素质的发展和提高。单次（组）练习的负荷量、负荷强度及每两次（组）练习之间的休息时间是构成重复训练法的主要因素。静止、肌肉按摩或散步通常采用的休息方式。

依据单次练习时间的长短，可以将重复训练法分为短时间重复训练方法、中时间重复训练方法和长时间重复训练方法三种类型。

（七）循环训练法

循环训练法指的是根据训练的具体任务，将练习手段设置为若干个练习站，运动员按照既定顺序和路线，依次完成每站练习任务的训练方法。运用循环训练法可使运动员的训练情绪得到有效的激发，并且使负荷"痕迹"得以累积、不同体位得到交替刺激。每站的练习内容、每站的运动训练负荷、练习站的安排顺序、练习站之间的间歇、每次循环之间的间歇、练习的站数与循环练习的组数是循环训练法的结构因素。运用循环训练法，可以使不同层次和水平的运动员的训练情绪和积极性得到有效提高；可以使运动训练过程的练习密度得到增加；可以随时根据具体情况因人制宜地加以调整，做到区别对待；可以防止局部负担过重，延缓疲劳的产生，对全面身体训练非常有利。在实践中，循环训练法中有"站"和"段"的说法，其中的"站"指的是练习点，如果一个循环内的站数中，有若干个练习点是以一种无间歇方式衔接，那么这几个练习点的集合可称之为练习"段"。"站"和"段"是安排循环练习的顺序时应该考虑的。

以各组练习之间间歇的负荷特征为依据，可以将循环训练法分为循环重复训练方法、循环间歇训练方法和循环持续训练方法三种基本类型。

（八）比赛训练法

比赛训练法指的是在近似、模拟或真实、严格的比赛条件下，按比赛的规则和方式进行训练的方法。比赛训练法的提出有着一定的依据，包括人类先天的竞争和表现意识、竞技能力形成过程的基本规律和适应原理、现代竞技运动的比赛规则等因素。运动员全面并综合地提高专项比赛所需要的体、技、战、心、智各种竞技能力可以通过比赛训练法的运用而实现。

教学性比赛方法、模拟性比赛方法、检查性比赛方法和适应性比赛方法是较为常见的四种比赛训练法的类型。

（九）综合训练法

综合训练法是指把重复训练、循环训练、变换训练等各种训练法结合起来运用，或者在一组训练中安排各种技术训练、灵敏训练、力量训练等多种内容的训练方法。

在训练实践中，以上各种训练方法并不是单一的存在和使用的，因此，需要通过综合训练来灵活地调节运动员的训练负荷与休息，使其更圆满地达到训练要求，从而促进运动员运动素质和运动水平的全面提高。

综合训练法变化很多，组合多样，具体可以根据不同性别、年龄、身体状况、锻炼水平的运动员的需求进行适当的变化、调整，以期取得理想的训练效果。

随着现代科学技术的进步，运动训练方法从理论到实践不断推陈出新、日新月异。目前，社会各界有识之士非常重视改变传统经验的训练法，借助新的科学理论，运用新的模式的训练方法正在不断被尝试和创新。

当前，随着竞技体育运动的发展、科学技术的进步以及人们认知的不断提升，运动训练的方法正在向多样化的方向发展，训练方法日益多样化主要得益于运动员和教练员在运动训练方面积累了丰富的经验，因此，他们总结了多种多样的训练方法来指导训练实践。现代运动训练更加注重实效性和技术完善。传统训练方法在运动训练中得到了保存，同时由于高科技手段的引进，新的训练方法在运动训练中不断得到应用，新的训练方法与传统的训练方法相结合，使得运动训练更加科学、有效，正因如此，才促使运动员不断突破极限，在比赛中不断刷新纪录。

二、运动训练方法的创新性探索

时代在发展，科技水平在不断提升，运动员的竞技水平、训练的层次和维度也在相应地提高，这就对训练方法提出了新的要求。

（一）破旧立新

所谓破旧立新，就是要打破原来固定的训练方法，从训练手段、训练思路等方面入手树立新的训练方法。例如，教练员平时要经常对自己的训练方法加以审视，看看自己的训练方法是否已经成为一种思维定式，是否已经过时，是否对运动员训练到一定程度就难以再有提高了，是否训练水平落后于形势的发展，等等。许多陈旧的方面必须通过创新来改变其面貌、改变其效益，从而增强训练效果。立新要以创造性思维去思考、解决各种问题，去寻找新的突破口，开辟新途径，去发现新的思路、观点、方法、手段等，从而才能获取新的成效。

（二）逆向思维

训练目标、训练计划、训练方法等内容往往容易习惯依据传统观念、经验和权威人士的意见来思考，容易将自己框定在一定的模式中去思考、解决问题，逐步形成了思维定式，慢慢抹杀了创新思维及创新方法的思路。要充分认识到，要适应现代形势发展，就要善于转换思维方式方法，善于用逆向思维法去突破传统的观念、经验或权威人士的束缚，突破陈旧的思维定式，去开创、形成新的思维模式，激励自己树立新思想、新观念，总结新经验，开创新的训练思路，进行新的训练决策等。

（三）克弱转强

运动员在训练过程中，要善于主动地挑剔自己的弱点、缺点或不足，并将其作为探索研究的基准点，努力攻克它，使弱转化为强，从中获得创新的成功。假如在训练中，采用某一训练方法而得不到预期的效果，这并非教练员训练方法的问题，而是在于自己的训练方式，这时应该对训练方法加以深入剖析，找出其不足或落后的方面，并加以弥补、修正，或创造出新的训练方法。通过克弱转强法，使训练得出成效。

（四）移花接木

现代知识的综合运用程度越来越高，新成果大量地涌现，知识的渗透力越来越强，综合聚变效应也越来越强。要善于将其他学科中的原理、规律、方法等移接到本领域的运动训练理论体系中去，进行巧妙地衔接，创造出新的高效的训练原理、规律、方法等，从而有效地促进自身学科的不断发展与壮大，提高训练效果。如"系统论、信息论、控制论"移接到体育各个领域中已发挥出巨大的效果，有力地促进了体育科学的发展。

第四节　运动训练负荷的科学安排

一、运动训练负荷的基本知识

（一）运动训练负荷原理

运动训练中的最终训练目的是促进运动员身体素质水平、运动水平的提高，要想实现这一最终目的，就要在运动训练过程中使运动员不断承受和适应训练负荷，促进其机体的运动能力和对外界（运动训练负荷）的适应能力的不断提高，这就是运动训练负荷原理。

运动训练过程中，运动员会承受一定的外部刺激，运动员机体在生理与心理方面承受的总刺激便是运动训练负荷，机体承受刺激时表现出来的内部应答反应程度可以反映运动训练负荷。

运动训练负荷有着自身的特点，它具有目的性和选择性，即一定的功能特点；运动训练负荷还具有渐进性、极限性和应激性，随着运动训练负荷水平的提高，训练适应水平也会相应地得到提高。运动训练负荷与运动成绩之间密切相关，这主要从对应性和延缓传导性上体现出来。

运动训练负荷种类繁多，每种负荷都有自己独特的含义，因此必须准确掌握各种运动训练负荷的概念和特性，对运动训练负荷进行科学调控，调控时需注意运动训练负荷的综合性、实战性和动态性，并需结合具体个体进行，注重运动训练负荷的定量与等级。

（二）运动训练负荷刺激及机体机能的变化

运动训练负荷刺激主要是指运动训练负荷对机体的刺激，人体活动时所表现出来的力量、耐力、速度、柔韧和灵敏素质等不是根本原因（本质），而是运动的结果（表象）。在运动训练中，机体对训练负荷刺激所做出的反应表现在两个方面，即生理反应和心理反应，通常所说的运动训练负荷指的是生理负荷，就是指机体在生理方面所承受的运动训练刺激。

运动训练的过程也可以看作是一个不断对人体施加运动训练负荷刺激的过程，在这一过程中，人体各器官系统将发生一系列反应。这些反应特征主要表现为耐受、疲劳、恢复、超量恢复和消退等机能变化。

在运动训练过程中，机体的负荷刺激变化主要会经历以下几个阶段。

1. 耐受阶段

耐受是运动训练初级阶段机体对运动训练负荷的刺激反应，是机体接受运动训练负荷刺激后身体机能变化和反应的第一个阶段。运动训练负荷强度和运动员训练水平会影响这种耐受能力的强弱和保持时间的长短。这一阶段，应以体能训练为主。

2. 疲劳阶段

在承受一定时间的运动训练负荷刺激之后，机体机能和工作效率会逐渐降低，即出现疲劳现象。具体来说，运动员训练到何种疲劳程度以及耐受多长时间以后疲劳取决于训练课的目的。实践表明，训练过程中，运动员只有达到一定程度的疲劳，才能提高运动能力，才能在恢复期获得预期的超量恢复效果，从而促进机体机能的增强。

3. 恢复阶段

训练结束后，在补充和恢复阶段，机体主要是补充训练过程中所消耗的能源物质，修复所受到的损伤并恢复紊乱的内环境，使机体各器官系统的机能恢复到运动前水平，以完成机体结构与机能的重建。机体疲劳的程度决定了恢复所需时间的长短。

4. 超量恢复阶段

超量恢复，又称"超量代偿"，是关于运动时和运动后休息期间能量物质消耗和恢复过程的超量恢复学说，由苏联学者雅姆波斯卡娅提出。超量恢复指的是在运动结束后，运动过程中所消耗的能源物质以及降低的身体机能不仅可以得以恢复，而且会超过原有水平。通常来说，运动训练负荷量越大，强度越大，疲劳程度越深，超量恢复越明显，但切忌过度训练。

5. 消退阶段

一次训练结束后，如果不及时在已获得的超量恢复的基础上继续施加新的刺激，那么已经产生的训练效果在保持一段时间后就会逐渐消退，机体机能又下降到原有水平。因此，要想保持长久的运动训练效果，就要求运动员必须在上一次训练出现超量恢复的基础上对下次运动训练做出及时的安排。

二、运动训练负荷的科学安排与调控

（一）运动训练负荷的定性与定量

1. 运动训练负荷的定性

（1）训练负荷的专项性

训练负荷的专项性指训练负荷要与运动员的训练水平和比赛要求相符。运动训练过程中，训练负荷的练习分为运动专项练习与运动非专项练习。其中，运动专项练习是提高运动员专项运动技战术水平的直接因素，只有加强运动专项训练，才能为运动员运动实战水平的提高奠定良好的基础。

（2）训练动作的复杂程度

训练动作的复杂程度是专项运动训练中客观存在的内容，是运动训练中运动训练负荷定性的一个重要方面。运动训练实践中，动作复杂程度决定着训练负荷的大小。区分训练动作的复杂程度是控制运动训练负荷的依据和需要。

需要提出的是，由于运动训练中，运动员的许多技能动作并不能预定，必须根据场上对手的表现临时做出选择性反应，因此，目前对此要做出量化评定具有较大的难度。

（3）训练负荷的生理改善

确定运动员运动训练时机体工作的供能系统是为训练负荷定性的内容之一。研究表明，系统的运动训练中，ATP-CP 和糖酵解供能约占 80%，糖酵解和有氧代谢约占20%。因此，运动员应结合运动专项的训练要求和特点，选择采用无氧代谢，或是有氧代谢，或二者的协调配合来进行训练，也就是以实际情况为依据合理安排训练。

2.运动训练负荷的定量

（1）内部负荷指标

内部负荷指标指由于运动员在训练过程中进行各种身体、技战术训练，训练的负荷使运动员有机体内发生一系列生理和生化变化，内部负荷的指标能比较科学、准确地反映有机体在负荷时产生的各种变化，有利于教练员根据这种变化去掌握和控制训练过程，安排训练负荷。

运动训练中，使用内部负荷的指标来测量负荷的方法比较广泛。血压、心率、血乳酸、尿蛋白、氧债、血红蛋白、最大吸氧量等是常用的指标。

（2）外部负荷指标

外部负荷指标又称"负荷的外部指标"或"外部负荷"，包括负荷量和负荷强度两个指标。在运动训练中，负荷量的各个指标测定的方法比较简单。机体对负荷强度刺激所引起的反应比较强烈，能较快地提高机体各器官系统的机能水平，所产生的适应性影响较深刻，消退较快。在运动训练中，测量负荷强度的各个指标比较复杂，所以难度也比较大。

目前，对运动员外部负荷指标进行测量，一般通过记录技战术训练的时间、训练次数、训练难度、训练的激烈对抗程度等方法。

（二）不同负荷的判别

运动训练期间，当运动员的运动训练内容、训练手段的特点相当稳定时，有机体机能能力表现出来的动态变化就能够被明显地观察到。因此，可根据训练实践中运动员有机体机能活动性的动态变化来对训练负荷的大小进行判别。

运动训练负荷的大、中、小可以客观地按照机体恢复的时间进行判别。研究表明，训练负荷的大、中、小与有机体内环境的稳定性的变化紧密相关，并且能具体反映到恢复过程的时间上。通常，小负荷与中等负荷后，机体恢复过程的时间通常是几十分钟或几个小时；大负荷后，一般需要较长的时间才能实现机体的恢复。

在运动训练中，应结合实际情况来对运动员的训练负荷大小进行判定，具体可以根据生理学和生物学的指标来判别，也可以采用其他相对间接且客观的指标进行判别，不管使用哪种方法，都要保证准确地判定训练负荷。

（三）运动训练负荷的特点与注意事项

1.科学安排运动训练负荷的特点

科学安排与调控运动训练负荷就是以更科学、更合理的方法安排运动训练负荷，从而实现运动训练水平和运动成绩不断提高的目的。对训练负荷的科学安排需要遵循负荷、应激与恢复原理，竞技状态的形成与科学调控原理，周期性与节奏性原理，以及竞技能力的训练适应原理等。简单来说，科学调控运动训练负荷就是在训练过程中，教练员根据训练的任务及运动员的个体情况，按照人体机能的训练适应规律，以大负荷为核心，坚持长期、系统和有节奏地安排运动训练负荷。

2.科学安排与调控负荷的注意事项

（1）不同训练阶段采取不同的调控方法

根据负荷因素的基本特征，在训练初期，为了使运动员尽快进入运动状态，通常以增加负荷量的方法来尽快实现运动员机体的适应。在专项训练阶段，以提高负荷强度刺激的方法来加深运动员的机体适应过程。

（2）选择合理的负荷的内容和手段

教练员应按照不同运动项目、训练内容、训练手段的负荷特征和不同训练任务选择好相对应的训练内容、手段和方法。对运动员而言，其参与的具体竞技运动项目不同、训练目的不同，所安排的训练负荷应有所区别。

（3）对负荷方案进行最佳综合设计

在运动训练过程中，教练员要根据各对应性负荷结构的特征及相互间的关系，进行负荷方案的最佳综合设计。特别是要注意负荷量、负荷强度与总负荷，内部负荷与外部负荷，生理、心理与智力性负荷，以及训练负荷与比赛负荷的综合设计。

（4）按照运动员个体特点确定运动训练负荷

教练员要通过科学的训练诊断，对运动员的个体特点加以了解，对符合他们个体特点的个体负荷模型进行科学确立。

（5）注意负荷安排的长期性、系统性

在进行运动训练时，要根据连续负荷中疲劳的正常积累与过度疲劳之间的关系，对多年、年度、周及每一次课的训练过程的负荷进行对应的安排，使不同训练阶段的运动训练负荷能够连贯起来，促进运动员运动水平的逐步提高。

（6）重视运动训练负荷的节奏性

教练员要把大负荷训练与减量训练结合起来，使之形成最佳的负荷节奏，进而促使运动员取得最佳的运动成绩。

（7）合理增加运动训练负荷

根据训练任务和训练对象，逐步、有节奏地加大运动训练负荷，直至最大限度，但在竞走运动训练过程中，运动训练负荷的安排不宜过大，应以提高单位训练时间里最大的效益为准则。运动训练负荷的增加应当在运动员适应了原有负荷的基础上进行，只有这样才能取得较好的训练效果。

（8）注意处理好负荷量、负荷强度与总负荷的关系

教练员要按照运动项目特点、训练和比赛任务、个体特点等因素，以总负荷的要求为基础，确定好负荷量和负荷强度的最佳组合。突出强度是高水平竞走运动员负荷安排的重要特征。但注意应从实际情况出发，负荷强度和负荷量应合理搭配。

（9）重视恢复

训练水平的提高离不开对训练负荷的合理安排，没有恢复，也就没有新的负荷安排。在运动疲劳之后，人体的恢复时间有所不同，恢复时间过长或过短都不利于提高身体素质和技战术水平。注意掌握运动员训练后不同恢复阶段的时间、个体负荷的极限能力、承受极限负荷后的恢复时间，及各训练过程的负荷性质及适宜的间隙时间和恢复方式，并根据这些要点来对大负荷训练进行安排。训练之后，还应注重采用多种手段来帮助运动员消除疲劳。

（10）做好运动训练负荷监测和诊断工作

教练员应在运动训练过程中根据运动训练负荷的构成因素及运动训练负荷的可监

控性特点，正确地确定各运动项目的各训练内容、手段和训练方法，及不同运动员个体的运动训练负荷监控指标体系，对科学的运动训练负荷监控、诊断系统和诊断模型进行建立。

第七章　高校科学化运动训练的理论

第一节　科学化运动训练的基础

一、运动训练的范围

运动员为达到某一具体目的而有系统地、专注地进行训练。体育教育是一项重要的学科。培训是一个系统工程，其中包含了许多生理、心理和社会学方面的因素。在这一阶段，应坚持循序渐进，因材施教的基本原则。在此基础上，对运动员进行了全面的身体、精神等方面的综合锻炼，使其达到某些苛刻的工作要求。

无论你是一个新手，还是一个专业的选手，最关键的一点就是要建立一个实际的训练计划。培训的目的应根据学员的能力、心理特点以及所处的社会情境来确定。有的人是想要在竞赛中获胜或者提升自己的表现，有的人是想要获取更多的技术或者更多的人是想要提升自己的身体机能。不管是什么东西，都应该尽量准确，可以度量。不管是短期或长远的方案，都应该在培训前制定出来，而且要清楚地说明达到目的的步骤。而达成这个目的的最后一刻，通常就是一场重要的竞赛。

二、运动训练的目标

训练就是一种为使运动员在比赛中发挥出最好水平而进行的一种预备活动。在编制培训方案时，要充分利用各种专业的理论和方法，以提高培训效果。

训练的目的在于发展专项特点，与各种训练任务的完成有密切关系，具体内容有：全面身体发展，专项身体发展，技术能力，战术能力，心理因素，健康管理，伤病预防，以及有关理论知识。要培养好这些素质，就必须针对不同的年龄，不同的经验，不同的天赋，有针对性的训练方法。

（一）全面身体发展

又叫综合体能，是一切体育锻炼的根本。综合体能开发旨在提高人的耐力，力量，速度，柔韧，协调性等基本体能。体育综合素质的提高有了坚实的基础，才能更好地承受特殊的锻炼，才能更好地发挥出竞技潜能。

（二）专项身体发展

又叫特殊体质，是指特殊体质和特殊体质的特点，是特殊体质所必需的。此项训练旨在达到某些体育方面的特殊需求，例如力量，技巧，耐力，速度和灵活性。然而，很多体育活动都要求不同的体育素质结合起来，例如：速度对力量，力量对耐力，或者速度对耐力。

（三）技术能力

它的重点是培养运动员在竞技中取得胜利所必须具备的技术素质。技术能力的提升是建立在综合、专业化的身体发展之上的，比如，在进行体操交叉支撑的过程中，要受生物动作能力中的力量因素的限制。针对性开发技术能力培训的终极目标是提高技术动作质量，提高专业技术水平。技术能力的开发应该是在常规条件下和特定条件下的开发，而且应该以提高体育所需要的专业技术为目标。

（四）战术能力

而在整个培训中，战术技能的开发也起到了关键作用。战术技能培训旨在提高竞赛战略水平，这项培训应建立在选手技术水平上。简而言之，就是根据选手自身的技术特点和体能特点，设计出一套适合自己的打法，提高自己在赛场上的胜率。

（五）心理素质

精神上的准备也是保证身体健康的必要因素。一些人还把它称为性格培训。无论怎样称呼这个词，培养一个人的精神品质都是一个人在比赛中表现出的重要因素。

（六）健康保养

应该注意运动员的总体身体状态。健身主要是指对身体进行常规体检，并制定合理的锻炼计划，而合理的锻炼计划则是将高强度的锻炼与间歇的恢复结合起来。受伤、生病都要得到重视，并在培训中加以重视。

（七）伤病预防

为了防止受伤，最好的办法就是保证球员们有足够的体能，有足够的生理素质来进行艰苦的练习和竞赛，并且保证他们有足够的锻炼。不合理的训练计划包含了可能提高伤害危险的超重运动。青年选手的主要目的就是要使自己的体质得到充分的发展，这可以帮助他们减少损伤。另外，要注意防止疲倦，因为疲倦程度越高，受伤的可能性就越高。所以，制订一套有效地抑制疲劳的培训方案，应该引起足够的关注。

（八）理论知识

应该在训练的时候，对运动员进行有关训练、计划、营养和能量再生等生理和心理学的知识进行补充。使运动员掌握有关培训流程和运动项目理论的相关知识，能够增强运动员的决策能力，增强他们对培训流程的重视程度，从而使教练员和运动员能够更好地制订培训目标。

三、运动训练系统

所谓"体系"，就是运用适当的方法与手段，把一些观念、理论或假设结合起来的一种结构形式。一个体系的建立，既要建立在科技成就的基础上，又要建立在实际工作中的经验基础上。尽管一种体系在它自己成为一个单独的体系之前会与其它体系相关联，但是这个体系也不应该是完全的移植。创建或者改进一个更好的制度，一定要把现实的社会和文化环境纳入考量。

（一）揭示系统的构成要素

这些元素是发展培训体系的关键，这些元素可以从培训的相关基础知识、培训的科学成果、国内优秀教练员的实践和国际上应用的先例中提取和归纳出来。

（二）明确系统的组织结构

在明确了影响培训体系成败的关键因素之后，在此基础上制定出相应的培训体系。这个体系应该是可以被全体教练共同使用的，但是也应该保留一定的弹性，让教练可以在自己的基础上进一步充实和改进。研究人员在培养体系建设中发挥着举足轻重的作用。体育科研特别是应用性科研机构为体育教学体系的发展与改进提供了理论依据。同时，对改进运动员的监控方案与选材方案，建立科学的训练理论，改进训练中的疲劳与应激管理等方面也具有一定的指导意义。

（三）验证系统的效能或作用

培训体系一开始，就应该频繁地被评价。对培训体系效果的评价可以从很多方面来进行。评价这种技术的最简便的手段就是它是否能给运动员的真实表现提供帮助，或者采用一些比较先进的技术，比如激素和细胞信号等。另外，机械评定法还可以应用于运动能力的量化评定，如最大无氧能力、最大有氧能力、最大强度等。在这一方面，研究人员扮演着举足轻重的角色，他们通过自身的研究成果，对如何提高训练体系的效能，进行科学的评估。若培训体系不够完善，培训小组将会再次评估，并对体系进行更多的改善。整体而言，培训体系的品质取决于其所受影响的直接影响因子。其中，影响因子主要是与培训及评估有关的因子，而支援因子则主要是与管理水准、经济状况、专业技能及生活形态等有关。各影响因子在培训体系中均有较大影响，其中以间接影响因子的影响最为显著。其中，"间接因子"的作用更是凸显了"科学研究人员"对高品质的培养体系的开发与改进所起的作用。

良好的培训体系是运动员获得最好比赛成绩的基础。体育教学水平的高低，除了与教练有关外，还与诸多因素的交互作用有关。所以，对一切可能会对训练质量产生影响的因素，都要对其展开有效的执行，并对其进行持续的评价，并在必要的时候做出相应的调整，以适应现代体育运动的发展和变化。

四、运动训练的适应

训练是一个有组织的过程，它使身体和心理都在不断地接受各种负荷量和强度的刺激。运动员适应和调整训练与比赛负荷的能力，同生物物种适应其所生存的环境一样重要——适者生存！对于运动员来说，如果无法适应不断变化的训练负荷与训练及比赛带来的刺激，将会导致疲劳、训练过量甚至过度训练。在这种情况下，运动员无法完成既定的训练目标。

高水平竞技能力是多年精心筹划、系统而富于挑战性的训练结果。在此期间，运动员不断调整自身的生理机能以适应专项运动的特殊要求。运动员对训练过程的适应程度越高，就越能发挥出高水平的运动潜力。因此，任何组织严密的训练计划，其目标都是为了促进适应，从而提高运动成绩。只有运动员遵循以下顺序，才有可能提高运动成绩：

增加刺激（负荷）≥适应≥训练成绩提高

如果负荷总是处于同一水平，那么适应在训练的早期就会出现，随之而来的是一个再没有任何进步的高原期（停滞期）。

刺激不足≥稳定平台≥训练效果提高不明显，如果刺激过度或刺激过于繁杂，运动员将无法适应，发生适应不良现象：过度刺激≥不适应≥运动成绩降低。

因此，训练的目标是逐步地、系统地增加训练刺激（训练强度、训练负荷量和训练频率）以得到较高的适应，从而提高运动成绩。这些训练刺激的变化是指训练要素的改变，以使运动员对训练计划的适应最大化。

第二节　科学化运动训练的原则

在体育中，体育锻炼的原理是对体育锻炼的一种客观规律的一种体现，遵守体育锻炼原理，也就是遵守体育锻炼的客观规律，这也是体育锻炼科学水平的一个重要体现；违反了培训原理，就违反了培训的客观性，不符合培训的科学性。在体育教学中，体育教学原理对于体育教学的指导意义也在这方面得到了充分的体现。因此，要进行科学的训练，首先要遵守体育锻炼的原理，其次要把这些原理运用到实践中去。

一、一般训练与专项训练相结合的原则

将普通训练与特殊训练有机地结合起来的原则，就是在运动训练中，要以运动项目的特征、运动员的水平以及不同的训练时间、阶段任务为基础，合理地对二者的训练比例进行合理地设置。

综合素质培养与专业素质培养在内容、手段、功能上均有差异，但是两者的目标却是相通的，即：综合素质培养与专业素质培养。对于年轻的运动员而言，在训练的基本阶段，如果脱离了常规的训练，过度地使用了特殊的训练的内容和方法，将会影响到他们未来的发展，关键是要根据他们的具体状况，根据他们的具体水平和水平，合理地在训练中的各个时期和各个阶段，合理地分配好普通训练和特殊训练的比例。

二、系统的不间断性原则

系统不间断的原理就是从运动员开始的训练，到取得优秀的表现，再到不断地维持和改进，直到运动员生命结束，都要有系统地、不间断地进行。执行系统化无间断原则的根本需要。

三、周期性原则

体育训练周期可划分为：多年训练周期（4-8 年），训练大周期（0.5-1 年），中周期（4-8 周），小周期（4-10 天），以及训练课（1.5-4 小时），并根据这些训练周期来制订训练方案。

一个培训循环由三个密切联系的阶段构成，即预备阶段、竞争阶段和休息阶段。而每一阶段又有其自己的主要任务，内容，负荷安排，手段方法。

从运动项目的特征来看，每一种运动项目对于运动员有机体能力的需求是不一样的，同时，在季节的安排上也存在着差异。比如说，对于体力类的耐力性项目来说，无论是在预备性的训练还是在比赛中，都会耗费大量的体力，同时还会花费比较长的时间来进行恢复，所以，全年大周期的数量就会比较少。但是，对于某些技术类的表现性项目和对抗性项目，特别是球类项目，它们的比赛安排比较多，赛季也比较长，

因此每年的训练大周期就比较多，多采取多周期（如双周期）制，或是竞赛期安排的时间比较长，除此之外，像滑雪、滑冰等冬季运动项目，由于受到季节的影响，它们通常也只能安排 1 到 2 个大周期。

在当代体育训练中，某些体育项目的顶尖运动员一年内参与重要赛事的频率很高，而且经常要取得很好的运动成果，所以一些研究建议采用多个时间周期来进行，这一点还有待于在顶尖运动员的培养上进行更多的实验和理论研究。

四、区别对待原则

差别待遇原则就是在体育锻炼中，应依据运动员的个性特征，进行有目的的制定，方法和手段的选择，以及运动负荷的安排。差别待遇原则中所说的个体特征，具体包括了运动员的年龄、性别、文化水平、身体条件，以及他们承担负荷的能力、技术、战术水平以及心理素质等各方面；制定培训计划，其中包含了从一年或者数年的培训计划中希望达成的目的以及特定的工作内容。

第三节　科学化运动训练的要素

一、训练量

训练量是训练的主要组成部分之一，因为它是实现高水平技术、战术和身体素质的先决条件。训练量有时被错误地认为仅仅是指训练的持续时间，但实际上它包含以下部分：

（1）持续训练的时间。

（2）行进的总距离或抗阻训练的总重量。

（3）运动员在规定时间内完成一项练习或技术动作的重复次数。

培训量的界定是：在培训过程中，所要完成的各项动作总和。培训量也可以看成是一个培训课程或某一时期内所能达到的培训效果。培训量要有可监测的定量指标。

具体的训练工作量根据不同的体育项目和不同的体育活动而有所不同。用来衡量耐力体育（如跑步、自行车、皮划艇、越野滑雪和划船）所用的训练里程；由于单纯从练习的数量来看，并不能对运动员所做的练习进行客观的评估。训练过程中的训练内容，例如：棒球和田径运动中的快慢组合训练或抛投等。任何一项体育活动都会涉及到时间因素，但是，准确的训练量应当包括两个因素，一个是时间因素，另一个是距离因素。

根据训练所涉及到的时间因素，培训量的计算可以分为两类。第一类为"相对训练"，它是一群运动员在一个训练周期或一个时期内所花费的总的训练时长。由于不能确定每个人在单位时间里的训练强度，所以不能采用相对训练强度的方法来进行个体的训练强度的估算。另外一个比较好的测量个人的训练强度的方法就是绝对训练强度。

在运动过程中，应持续加大训练量。在体育教学中，由于体育教学内容的不断丰富，体育教学中对体育教学内容和教学内容的要求越来越高。结果表明，初级选手与高级选手相比，高级选手能够接受更多的训练强度。在有氧运动、力量运动和团队运动中，提高运动员的体能水平起到了很大的促进作用。此外，由于要想取得好的表现，必须要有很多的重复性训练，因此必须加强技术与战术技巧的训练。

增加运动员训练量的方法有许多，以下是 3 种常见的有效方法：

（1）增加训练的密度（即训练的频率）。

（2）增加训练课中的负荷。

（3）同时增加训练的密度和负荷。

研究者指出，在不造成过度锻炼的前提下，尽量加大练习的数量是很关键的。另外，有学者指出，随着培训次数的增加，培训的适应性效应也会随之增强。提高每日的训练时间对球员的生理性反应也是有利的。在高水平的运动员中，一星期有 6-12 次的训练，每一天有若干次的小训练。在制订训练方案时，运动员的弹性是影响其运动量的重要因素。在培训方案中，由这一指标确定培训强度的大小。

二、训练强度

在高水平的体育锻炼中，训练的强度也是影响高水平体育锻炼成绩的一个主要原因。可米（Komi）认为，训练强度是指与力量的输出量（也就是在单位时间内所作的功课），对抗力或发展速率相关的训练因素。从这一角度来看，一个人在每一次运动中所作的工作愈多，他的训练就愈多。运动强度与运动能力密切相关，随着运动能力的提高，运动能力对运动能力的要求也越来越高。结果表明：运动负荷、运动速度、疲劳程度和运动方式与运动方式有关。另外一个需要注意的就是在练习过程中精神上的压力。从心理上来说，即便是体力上的不足，也会让人的训练变得更加的激烈，这也会让人的注意力变得更加的集中，从而让人的精神变得更加的疲惫。

针对不同的训练种类、不同的体育项目，采用不同的训练强度定量方法。速率培训一般以米/秒，次/分，或以瓦特为单位的电力输出量进行定量评估。在耐力锻炼中，通常采用公斤级的力量、克服重力对每米负重的影响（千克/米）和能量消耗（瓦特）。在团体运动中，一般以平均心率，无氧门槛心率和最高心率作为评价指标。

在每年的培训项目中，尤其是在较少的培训项目中，培训的强度应该有所区别。运动强度的定量与定性可以有很多种方式。举例来说，耐力训练和高速训练的强度可以通过最优表现的比例来定量。

高强度的运动锻炼，尽管可以提高运动成绩，但是所形成的适应性更不稳定。而稳定性愈差，则愈有可能出现超量练习及竞技状态下的"平台不稳定"现象。相比之下，在较少的锻炼量下，所产生的提高速度和生理性调整的影响要少一些，但是整体的效果要好一些。在运动方案中，要有针对性地调整运动量和运动强度，使其满足身体的最优要求。

三、训练密度

训练强度指的是一名选手在每一次训练中所经历的训练次数。在训练强度上，可以反映出单位时间的运动—康复关系。所以越是高强度的练习，休息的时间就会越短。在加大强度的同时，应注意保持好训练与休息之间的关系，以免造成超负荷等问题。

由于受多种因素的影响，很难定量地确定多项训练所需要的最优训练时长。在下次培训前，培训的强度和培训数量是决定培训时长的重要因素。训练课程之负担愈重，则其所需要的康复期愈长。另外，训练状态、实际年龄、所采用的营养措施和康复措施对康复效果也有一定的影响。在进行下一轮训练时，不必全部从上一轮训练中得到康复，通常可加大训练强度，在一天或一次较短的时间内采用不同强度的运动。

在耐力训练或间隔训练中，通常有两种安排"训练—休息"间隔的适宜方法：①固定的训练—恢复比率；②恢复的持续时间，能使心率恢复到预设的最大心率百分比。

（一）固定的训练—恢复比率

部分研究人员在研究间隔训练时运用了这一方法，通过控制训练—休息的间隔，教练员和运动员能够制定出发展特定生物能量适应的训练计划。用 1∶1 或 2∶1 的训练—休息比率来发展耐力项目的特征，而把 1∶12 或 1∶20 的训练—休息比率来发展力量和功率性项目的特征。

（二）预设心率

决定恢复期时间长短的另一种方法是，在下一次训练开始前确定必须达到的心率。方法一，为下一次训练的开始设定心率范围（120~130 次/分）；方法二，设定恢复时间，即运动员的心率恢复到最大值的 65% 所需的时间。

可以通过量化相对训练密度来算出一次训练课的训练密度，公式如下：

$$相对密度 = \frac{绝对训练量 \times 100}{相对训练量}$$

绝对训练量是运动员个体的做功总量，而相对训练量是一次训练课的做功总时间（持续时间）。假设绝对训练量是 102 分钟，相对训练量是 120 分钟，训练课的相对密度为：

$$相对密度 = \frac{102 \times 100}{120} = 85\%$$

计算出的百分比表示运动员有 85% 的时间在训练。相对密度虽然对运动员与教练员有一定的价值，但训练的绝对密度更加重要。绝对密度是运动员完成的有效训练与绝对训练量的比。绝对密度或有效训练可以用绝对训练量减去休息时间量来计算。具体计算公式如下：

$$绝对密度 = \frac{(绝对训练量-休息时间量)\times100}{绝对训练量}$$

假设休息时间量是 26 分钟，绝对训练量是 102 分钟，则绝对密度可计算如下：

$$绝对密度 = \frac{(100-26)\times100}{102} = 74.5\%$$

上述计算表明训练的绝对密度是 74.5%。因为训练密度是强度的要素之一，所以这个绝对密度属于中等训练强度。确定训练的相对密度与绝对密度有助于建立高效的训练课。

四、复杂性

"复杂度"是一种技术的成熟度和其在生物力学上的困难度。在练习中，动作越繁杂，练习的强度愈大。相对于基础技巧。掌握一个复合技术，特别是对于一个人来说，他的神经和肌肉协调能力很弱，或者他的注意力并没有得到很好的控制。对于那些从来没有进行过高难度动作训练的人来说，很容易就能看出谁的水平高，谁的水平低。所以，越是复杂的动作和技术，运动员的个人水平和机械效能之间的区别就越是明显。

五、总体需求指数

训练量、强度、密度和复杂程度对训练中的总体要求有较大的影响。尽管这几个方面是相互补充的，但是如果对其它方面不做适当的调节，则会使选手对某方面的要求更高。例如，当训练高强度的体能时，教练要维持相同的体能，就应该加大训练力度。在加大训练量时，应注意如何加大训练量，以何种方式加大训练量，以何种方式降低训练强度。

训练场地规划与引导的重点在于训练量和强度是否恰当。在此基础上，对各因素的影响规律进行研究，特别是对各因素的影响规律进行研究。此外，还应该将选手的适应反应、训练阶段和赛事的日程（日程）等因素纳入考量。只有通过合理的训练因素组合，才能使运动员在预定的时期内取得最好的成绩，发挥出最好的水平。

要决定该培训方案的效果，教练必须监控培训的强度及竞技水平。教练同时也会统计训练内容的密集程度，或者是在战术与技巧训练中，所使用的技巧的复杂程度，所占据的比重。在足球、英式橄榄球等多种体育活动中，通过对心跳数据的实时监控，可用于预测不同类型的体育活动。教练应注意影响训练的各种因子，使其与运动后的休息和康复相结合。教练也应该思考如何加快体能的康复速度以及所需的精力。

第八章　专项身体素质理论及训练方法

第一节　专项特征基础认知

一、专项特征定义与构成

专项特征是指一个运动项目在比赛规则的允许下，以获得最大的运动效率为目标，在力学、生物学等方面表现出的主要运动特点。

通常专项特征可以分为技战术、体能、心理和环境等方面，每一个方面又由不同的因素构成。从训练学的角度分析，竞技运动项目的特征包括三个不同的层次：一般特征、项群特征和专项特征。三个不同层次的项目特征在范围上并没有质的区别，其主要差别在于对项目特征解释和描述的程度上。

项目间的差异，并不是总能体现在所有的项目特征上，如技战术、体能及心理等，尤其是对于同一属性的运动项目来说，它们的差异可能更多地集中于某一个项目特征中。

二、专项特征的确定

由于各运动项目的性质可以从各个不同的方面和角度去确定，而且一个项目的性质以不同的标准确定可以有多重性。但其特征的确定则要找出区别于其他项目的特别显著的标志。训练中确定运动项目特征通常有四个方面。

（一）各运动项目比赛规则规定取胜的主要因素

以竞技体操为例，我国体操界广大教练员、科研人员、运动员通过多年的探索，多数认为竞技体操项目的显著特征是"难、新、美、稳"，这是竞技体操比赛规则规定的取胜的主要因素。

（二）运动项目的主要供能系统

在体能类项目中，经常以主要供能系统确定项目的特征。例如田径 100 米跑主要特征是 ATP 供能，因此训练中提高运动员的无氧代谢能力，发展速度是最为重要的。

（三）运动项目的技术结构和主要环节

任何一个运动项目的动作技术都有其特殊性，具有不同的技术结构和主要环节。动作技术的结构主要指动作是由哪些部分构成的，动作技术的主要环节是在构成动作技术的若干部分中，对完成动作、决定成绩最具影响的部分。

（四）运动项目对运动素质的特殊要求

在举重项目中，若仅仅依照运动素质的特殊要求就确定其是力量性项目，这并非十分严谨。因为从比赛动作抓举和挺举两项来说，它需要的力量是全身协调用力的速度性力量，或称爆发力量，而不是单纯的最大力量，这也是该项目比赛动作技术对运动素质的特殊要求。因此准确地说，举重项目的特征，其实是全身协调用力的速度力量性项目。

三、专项特征研究的发展趋势

对专项特征的认识是一个逐步深入的过程，它不仅取决于教练员自身的认识能力，而且，在相当大的程度上依赖着科学技术和研究方法的发展。新理论的出现可以为项目特征的认识开辟新的视角，新技术和新方法的问世能够促进认识程度更加深入。当前，在专项特征的认识上出现了以下几方面的发展动向和趋势：

（一）由宏观向微观的发展

从运动训练的角度分析，任何一个运动项目的特征都有一般与专项、宏观与微观之分。宏观的项目特征是从一般或项群共性的角度把握训练的方向，微观的项目特征则是从一个专项的角度指导运动员的训练。

诚然，任何一个事物的发展都需要宏观和微观的指导。宏观的理论可以透过复杂多变的因素把握发展的方向；微观的认识可以对具体的方法和措施进行调整和操作。从竞技训练的角度分析，运动训练的整体发展或某一类项目的发展确实需要宏观理论的指导，但是，对于一个具体运动项目的训练来说，迫切需要的，是对项目的运动特征和训练规律进行微观、具体和有针对性地了解和认识，从众多细节中提取出专项的特征，只有这样才能够真正为专项的训练提供有价值的信息，促进专项运动水平的迅速提高。

专项特征绝不能只停留在宏观的认识程度，而应该深入到专项之中，从多个角度和层面解析专项的特点，提炼出能够反映专项运动本质的规律，这样才可以准确把握专项训练的脉络，提高训练效率。

（二）由外在到内在的发展

对项目特征的认识不能仅停留在专项运动的外在形式上，而必须深入到神经与肌肉的内在运动水平。运动项目的表面外在特征只能反映运动的结果，而造成这种结果的原因主要在于机体的运动系统和能量供应系统，肌肉在神经支配下的收缩以及在收缩过程中对能量的需求。在运动训练中，只有深入了解神经肌肉系统的工作情况，才可能选择正确和有效的训练方法，只有充分掌握运动过程中能量代谢系统的运转规律，才能够制定出符合专项特点的训练负荷。

对内在专项特征细节的了解和掌握，有助于提高运动训练的针对性和有效性。了解不同肌肉在专项运动中的参与程度和工作方式，可以帮助人们制订出有针对性的力量训练计划；掌握不同供能系统对专项运动的不同支持作用以及它们之间的关系，可以提高耐力训练的效率；对不同供能系统恢复特点的了解，能够帮助教练员把握和控制训练的负荷。

对内在特征的深入认识，是提高专项训练效率的重要条件。与外在运动形式不同，内在专项特征的把握是从神经—肌肉的工作方式和用力程度的层面上解决训练的专项化问题。因此，对内在特征的认识程度在很大程度上代表着竞技运动训练的科学化水平。

（三）由静态到动态的发展

专项运动的时间或距离是专项的一个重要特征，它从总体上反映了专项的运动特点，是运动员和教练员制订训练计划的主要依据。但是，时间和距离等指标是对专项特征的总体描述，是专项运动的结果。从运动分析的角度来看，结果并不等同于过程。结果是过程的集合和终点，过程是结果的内容和原因；结果是静止固化的，过程是动态可变的。在运动的过程中，无论是外在的速度、角度和节奏，还是内在的肌肉收缩和能量供应，都随着运动时间的持续而变化，所以，与结果相比运动过程包含的信息量更加全面，反映的问题更加深入。因此，对专项特征的理解和认识，应该更加重视运动的过程，从过程的动态变化中深入和详细地了解项目的"运动"特征。

专项特征动态描述的另一个作用，体现在对专项运动技术过程的全面了解。以往对专项技术特征的描述往往忽视了体能的存在，主要是对专项主要技术环节的运动学或动力学标准特征的分析。然而，这种标准的"最佳技术模式"并不能全面和真实地涵盖整个专项运动过程中技术的变化。对于几乎所有的运动项目来说，运动员都不可能始终以同样的技术动作完成比赛，随着运动员体力的消耗运动技术必然发生改变，这种改变在很大程度上反映了专项能力的水平。

从整体上来看，负荷时间和强度是各个竞技运动项目都具有的共性，在比赛距离或时间相对固定的情况下，取胜的关键主要集中在速度和速度的保持能力上。在这个过程中，运动员的机能能力势必影响到专项技术的发挥，体能与技术之间的相互影响和作用始终贯穿于整个专项比赛的过程之中，技术与体能的这一互动关系在很大程度上同样应归属于专项技术特征的范畴。

第二节　体能与专项能力

一、体能

体能是运动员竞技能力的重要组成部分，也是运动技能表现的必要条件。科学合理的体能训练，能够提高运动员的竞技能力和改善运动员的身体形态，使之更加适应专项运动和技术的需要，从而达到提高运动水平的效果。同时，对提高运动员预防伤病的能力和恢复能力也有积极意义。毫无疑问，体能训练越来越得到各级运动队教练员的高度重视。体能训练研究也成为目前国内体育科研的热点研究领域，成为众多运动训练学专家所关注的焦点。

（一）体能相关概念辨析

目前，经常见到一些和体能相似的词汇，比如体适能、体力、运动能力、体质、运动素质等。其实，这些词汇的概念与体能概念有很大的不同，如果不清楚它们之间的区别，就无法对相关的理论问题进行深入的研究。

1. 体能与体力的区别

体力，是人体活动时所付出的力量。一般理解为机体整体的抗疲劳能力，它是体能的重要组成部分之一。体力是与耐力有密切联系的概念，但它又不能完全等同于耐力。人们经常谈到的体力，一般是指身体整体的耐力。

体能与体力的主要区别在于，体能不仅内涵上（与体力有所不同，它指的是运动员运动能力与对环境适应能力的结合体），而且外延要大于体力，体力涉及的身体抗疲劳能力仅是其适应运动需要的一个方面的能力。

2. 体能和运动能力的区别

运动能力是身体在运动中表现的活动能力，包括一般活动能力和竞技运动能力。

体能与运动能力的区别，主要表现在概念的层次关系上，体能是运动能力的上位概念，也就是说，体能包括运动能力，它比运动能力涉及的内容要多，如体能还包括运动员对比赛环境的适应能力。

3. 体能与体质的区别

体质是指人体的健康水平和对外界的适应能力，是在遗传性和获得性基础上表现出来的人体形态结构、生理功能和心理因素的综合的、相对稳定的特征。其包含的范畴综合起来有：①身体的发育水平，包括体格、体型、姿态、营养状况和身体成分等方面；②身体的功能水平，包括机体的新陈代谢状况和各器官、系统的效能等；③身体的素质及运动能力水平，包括速度、力量、耐力、灵敏度、协调性，还有走、跑、跳、投、攀登等身体基本活动能力；④心理的发育水平，包括智力、情感、行为、感知觉、个性、性格、意志等；⑤适应能力，包括对自然环境、社会环境及应激原的抵抗能力等。体质侧重点在于先天遗传表现出来的基础的生理和形态结构，是一种比较稳定的、先天性的基本的身体素质和内在心理的倾向，在静态中表现出来的一种机能的特质。

体能是体质的下位概念，即体质包含体能，是体质的一个主要方面，是体质的前提和基础，是体质在一定范围的延伸。体能侧重于运动员的运动能力和运动适应能力，是有机体各器官、系统的机能在肌肉活动中的反映，是人体机能在动态中表现出来的特质。在评价方式方面，体质好坏，用一个精确的"标准"是不可能完成的，而体能是生理机能的外在表现，是身体物质做功的能力，体能水平的高低可以有速度、力量、耐力、灵敏度等身体素质等计量指标。在运用方面，体能主要应用于运动训练研究实践中，而体质则侧重应用于遗传和医学等方面。

4. 体能与运动素质的区别

运动素质是体能的外在表现，是体能的构成因素之一，属于体能的下位概念，也是运动实践中评价和检查体能水平的常用指标。体能与运动素质既有联系，又有区别。运动素质是指运动员具备的力量、耐力、柔韧性等。

体能概念涵盖的内容更广，既有运动素质，又有运动员对比赛环境的适应能力。所以，专项训练中，体能训练是从整体、全局的角度，运用各种有效的训练手段和方法，提高运动员的专项运动能力和对比赛环境的适应能力，使运动员的身体形态、机能水平和运动素质在同一个体中实现最优配置，达到提高竞技能力的目的。而运动素质训练主要偏重于速度、力量、耐力、柔韧性等能力的提高。

（二）体能特点

至今，体能训练已成为各个运动项目竞技能力训练的主要内容，但由于教练员对体能本质特征的认识存在差异，因而，体能训练效果也不尽相同，所以，揭示体能训练特点很有必要。归纳起来为特异性、时间局限性和不均衡性。

1. 体能的特异性

体能的特异性，又称为其专项性。从不同运动项目中挑选相同年龄阶段的运动员进行最大吸氧量和最大氧债值实验室测定，所得数据较为一致，但若再用专项负荷进行测验就可发现，其结果与实验室资料比较差异很大，说明体能存在着特异性，即专项性的特点。

体能的获得是通过采用专项特有的手段训练的结果，即使用非专项的手段来获得，也必须符合该项目的要求。其生物学机制在于适应过程的专项特异性，这是现代竞技运动中保证运动技术水平的一个特征。适应性反应的专项特异性不仅表现于身体素质和植物性神经系统能力的发挥方面，而且表现于心理因素的发挥方面，特别是在完成紧张肌肉活动，又必须用意志来加强工作能力这一方面。

2. 体能的时间局限性

某一种体能水平只能保持相应的时间，这就是体能的时间局限性。体能的产生过程即是运动员有机体的适应过程，任何适应过程都存在着两种适应性反应：一是急性但不稳定的，二是长久的相对稳定的。急性适应性反应产生的体能，取决于刺激的大小、训练水平及其机能系统的恢复能力。由专项强化训练所获得的体能虽然目的很明确，但并不表示有极大的稳定性。因为这种适应性反应是通过高强度的专项负荷产生的，是以超量恢复为其表现特征的，并不建立在各种器官和系统的肥大、变异的基础上，即生物学的形态改造上。这就导致体能存在着时间局限性。

虽然相对稳定的适应性反应是建立在各器官、系统的形态改变基础上，但是各运动专项的特点是随着专项成绩水平的提高而变化的。即使在某一时期已形成较为稳定的体能，但随着专项特点的改变，原有的体能将不再能满足未来专项特点的需要，因此也表现出时间局限性。

3. 体能的不均衡性

体能的不均衡性表现为已获得的体能不可能在较长时间的工作过程中维持同一水平。这是因为，任何肌肉活动都是依靠有机体的能量供应系统的工作保证的。能量供应系统存在着无氧系统和有氧系统。无氧与有氧系统工作时，机制迥异，动员的器官系统也不相同。虽然这一工作过程发生在同一机体上，但相互之间有着一定的独立性。在维持较长时间的工作时，虽然有着主导供能系统支撑工作，但还是要依靠互相的交替和补充。这时，各供能系统之间存在着"衔接"的问题。由于每个供能系统的发展并不完全一致，并不整齐划一，因此必然会产生总能量供给的波动状态。

（三）影响体能发展水平的主要因素

体能发展水平的高低，受运动素质、形态结构、机能水平、心理品质和适应能等多种因素的影响。

1.形态结构对体能的影响

人体的形态结构影响体能发展水平的高低。

通过发展肌肉的力量练习，肌肉的横断面增大了，肌肉的重量体积增加，运动员的体重增加了，形体发生了变化，在投掷运动中，增加了运动员动作过程中的动量。在动作速度、动作技术等基本不变的条件下，人体动量的增加，器械出手时的速度就增加，从而器械就能飞行更长的距离。足球、篮球等项目中运动员肌肉体重的增加，就增加了在同等动作速度条件下的动量，提高了在短兵相接时的对抗能力，包括合理冲撞能力。

关节、韧带包括形体等形态结构通过训练发生了有利于支撑能力的变化和提高，就能直接提高支撑能力，如举重运动员肩关节、肘关节通过训练在额状面和矢状面内发生了能够充分伸直的变化，就能减少直臂支撑杠铃时的水平分力，增加向上支撑杠铃时的垂直分力，提高运动员支撑杠铃时的力量。

通过训练运动员心脏的心室或心房的肌肉出现运动性增厚，肺脏呼吸肌增加，等等，这些形态结构的变化，导致心脏每搏血液输出量增加，尤其是承担最大运动负荷时，心脏血液最大输出量增加，这就直接有利于人体承受最大运动负荷时氧气和营养物质的供应、代谢物质的还原和消除等机能能力的提高，从而有利于体能的提高。

2.人体的机能能力对体能的影响

人体的机能能力包括承担负荷量的能力、承担负荷强度的能力、承担总负荷的能力、恢复能力、免疫能力、可塑性、体能动员发挥能力等，这些能力的大小直接影响体能的大小。

承担负荷量、强度、总负荷能力的高低是衡量和评定体能高低的主要指标和标准，其中任何一项能力指标的上升或下降都是体能提高或下降的标志，其中任何一项指标提高了，即标志着体能相应提高了。

恢复能力，尤其是以大强度为主的大负荷训练后的恢复能力是近代运动训练中越来越重视的主要训练指标之一，提高恢复能力是最重要的研究课题之一。这是因为恢复能力大小或高低直接决定体能能力、竞技能力提高的幅度、速度及最终达到的高度。大负荷刺激后，身体产生不适应反应，恢复能力强的运动员产生新的训练适应的能力就强，可塑性就大，包括体能在内的各项竞技能力因素提高就快。

适应能力、免疫能力也是对体能的高低起决定性影响的因素之一。该能力的稳定提高对体能的提高和发挥都起着保证和促进作用。对训练负荷、对训练比赛等体内外环境适应性差的，对流行疾病免疫力低的运动员体能的稳定性必然差，训练的系统性必然缺乏必要的保证。体能的动员发挥能力也是体能的重要组成部分之一。体能水平基本相同的两名运动员，谁的动员发挥能力强，谁就能获胜，这也是比赛中最普遍的现象。

3. 心理能力、技能等竞技能力因素对体能的影响

在运动训练和比赛中，运动员的体能不但与形态结构、机能能力、运动素质等因素或与这些因素的潜力直接相关，而且与能否把这些可能性和潜力充分协调组合、充分发挥表现出来的心理能力、技能，甚至是战术能力等竞技能力的组成因素的能力大小密切相关。

在各个运动项目中，尤其是在体能类运动项目中，经常能见到一些运动能力，甚至形态结构较好的运动员，由于承受心理压力和抗外部干扰能力较低，或动作技术不尽合理，不够稳定巩固，造成体能或其潜力得不到应有的发挥，运动成绩往往还不如一些体能及其潜力与自己基本相同、基本相近、甚至稍低而心理素质和技术水平发挥较好的对手。

4. 比赛环境对体能的影响

体能就身体本身而言，具有贮备性和潜在性。如主观不情愿或客观受限制，则体能不能得以展现和发挥。其一，主观能动性如何。主观上可以调控自身能力释放的总量和强度，因此思维指令是决定体育发挥的关键因素；其二，神经中枢的兴奋状态怎样。精神振奋与萎靡不振势必有截然相反的体能表现；其三，意志品质等心理特征怎样。体能的施展是一种体力的耗费，在许多情况下是一种艰难甚至是痛苦的生理过程，其中意志品质的作用是相当重要的；其四，对变化的外界环境的适应能力如何。外界环

境的变化，势必引起机体的应答反应。体内的这些变化，就会连锁的影响体能的发挥，适应能力强，机体调节快，则能应答自如，宛若平常。

综上所述，一定的体能水平或潜力，必须具有相应的心理能力和技能等做保证才能相应或充分地发挥出来，才能构成竞技能力中的体能优势，才有实际意义。因此，在体能训练中，不但要切实抓好体能三大组成部分的训练提高，而且还要认真抓好心理能力、技能水平的改善和提高。

5.形态结构、机能能力和运动素质的相互关系

形态结构制约机能能力的发展和提高，机能能力制约运动素质的发展和提高。因此，体能训练内容和训练安排，不仅要最终落实到运动素质的发展和提高上，还要相应兼顾到形态结构、机能能力的提高和发展，这样才能使体能训练收到事半功倍的效果。例如，肌肉的肌腹长，肌腱短而粗壮，去脂体重大，肌肉的放松紧张能力强等。肌肉的形态结构条件好，这就预示着肌肉的收缩能力强，发展潜力大；机能能力的发展提高快，潜力大；力量、速度等运动素质发展潜力大，最终体能提高快、水平高。

形态结构制约机能能力，机能能力制约运动素质的发展，形态结构、机能能力等体能因素水平的高低必须通过运动素质的高低表现出来才有实际意义，才能促进体能，进而促进竞技能力的提高。

在运动实践中，一些运动员的形态结构、机能能力均不错，而运动素质水平相对不高，导致体能上不去，或水平不高，最终导致竞技能力和运动成绩的水平受到限制。而有些运动员的形态结构或机能能力并非很好，而运动素质却能上得去，表现出很高的体能水平和竞技能力。

二、专项能力

专项能力与运动员专项运动紧密相关，它是能直接促进专项成绩提高的一种特殊能力。对运动员而言，其竞技能力的充分发挥，主要依靠对运动成绩具有决定性作用的专项能力的强化训练，挖掘其体能和技术的潜力，这样才能有效促进运动成绩的快速提高。专项能力训练的目的是根据运动员现有条件，将个人身体素质转化为专项竞技所需的能力。不但练习内容要依运动员训练水平、技术状况、训练时期、年龄及生

理、心理特点而定，而且其动作时机、速度、顺序、路线、幅度及身体姿势等时间和空间特征也应尽量接近于比赛技术动作，或尽可能满足专项竞技和比赛的需要。因此，专项能力训练是将运动员身体机能和身体素质转化为专项实战能力的重要桥梁，在实践中往往是取得高水平运动成绩进一步突破的关键环节。

（一）专项能力的定义

一个未受过竞技运动专业系统训练的人也许同样具备很好的肌肉力量，但是他在任何一个运动项目的比赛中都不可能达到高水平，其原因就在于他拥有的力量不是专项所需的力量，专项能力达不到专项运动员的水平。

专项能力指运动员在特定专项领域所具备的竞技能力，是提高专项训练水平和专项运动成绩所具备的最直接的竞技能力。专项能力主要包括专项运动素质、专项运动技术、专项战术意识和战术能力、专项心理品质及专项运动智能。专项能力的高低直接决定着专项训练水平和专项运动成绩的好坏，专项能力的提高必须通过长期系统的训练才能实现。

（二）专项能力的训练

在各个项目的训练过程中，都必须处理好专项能力与一般能力的发展关系，合理安排好两种能力训练的内容和训练时间的比重。在多年训练过程中，随着训练水平的提高，专项能力的训练应逐渐占主导地位。

1.强化"专项"在训练中的核心位置

在运动员多年训练过程中，一般能力和专项能力的发展在比例上并不是等同和不变的，而是随着年龄和专项成绩的提高不断地发生变化。一般来说，在基础和初级训练阶段，一般能力的训练占有重要位置，而随着年龄和运动成绩的提高，专项能力的训练比例逐渐增加，直至在进入高水平训练阶段后成为训练的核心。

在过去的训练过程中，人们过于强调训练的"多样化原则"，在运动员进入高水平训练阶段后仍然采用大量分解和局部的训练手段和负荷发展运动员的专项能力。在这一训练思想的指导下，恰恰忽视了专项本身作为一种专项训练手段对专项能力发展的作用，没有认识到完整的专项练习是集机体各种不同能力于一身，从生理、心理到技战术等多方面对机体构成最全面和最适宜刺激的训练手段，从而致使以突出整体和综合性为主要特征的专项能力得不到有效的发展。

这一专项训练旨在强化"专项"在训练中的核心位置，以提高专项成绩作为训练的最终目标，从运动训练的生物适应理论出发，最大限度调动和发挥机体的专项潜能，在科学训练思想的指导下强调和突出不同运动能力的协作和整体发展。完整和高强度的专项训练对于高水平运动员尤其重要。运动员进入高水平训练阶段后，各项身体素质及它们之间的协作已经达到很高水平，某一局部运动能力的改善不仅很难使专项成绩得到提高，而且有时还会影响整体的发展。

此时，只有运用完整和高强度的专项练习手段才能在更加接近实际比赛的环境下，充分挖掘那些与专项密切相关的器官和系统的潜力，从整体上促使不同素质之间、各种素质与技术之间以及心理、环境等因素与技战术的发挥之间的协作更加均衡和稳定。另一方面，体能类项目的特点也决定了"专项"在训练中的核心作用。当运动员进入高水平训练阶段之后，运动成绩的进一步提高很大程度上依靠"体能"的改善得以实现。分解和局部的训练在训练负荷上难以达到"专项"的训练效果，显然无法有效地提高专项能力。

2. 进行接近完整技术和完整技术的分项练习

完整和高强度专项练习的训练，体力与神经能量消耗大、恢复慢，训练中反复次数不能多，课次也不能密集，在整个训练过程中所占比例要恰当。所以在训练中还应采用接近完整技术和完整技术的分项练习。

在将专项作为发展训练能力的重要手段的同时，还必须注意到训练的负荷，尤其是强度。强调完整的专项训练并不意味着盲目增加训练的强度，过高的训练强度并不能解决专项训练水平问题，甚至还可能妨碍专项能力的发展。运动员在长期大且低强度的训练中很难获得突出的、接近比赛强度的刺激。

3. 提高训练强度

传统的周期训练理论曾对运动训练产生过较大的影响，但已不能完全适用于现代高水平竞技体育研究。运动成绩的提高，取决于多方面的因素，其中训练质量对训练的效果起着至关重要的作用，而训练的质量取决于训练的强度、完成专项技术和练习动作的正确性及练习的密度和数量等。训练目标不明确、重点不突出、针对性不强的低强度训练，运动员的专项能力也就难以提高。运动训练实践已经证明，随着运动员竞技水平的提高，机体各器官、系统的功能及其它们之间的协作不仅达到了相当高的水平，而且日趋逼近生理机能的极限。运动员进入高水平训练阶段的一个主要特征为竞技能力的"可塑空间"逐渐减小，专项成绩的提高速度日趋缓慢，它导致运动员对训练手段和负荷的要求显著增强。在这种情况下，低强度大负荷训练不利于专项水平的提高，有一定强度要求的训练才能有助于运动员保持稳定状态，在比赛中发挥水平。

4. 根据"从实战出发原则"安排训练

"从实战出发"，就是要将比赛场的残酷性、对抗强度、比赛压力体现在训练中。

（1）掌握项目特点和规律

运动项目特点是建立科学指导思想的根本，是科学设计训练方法的源泉，是制订科学训练计划的指南。因此在实践中，只有切实了解和掌握了运动项目的特点，才能做好优秀运动员的专项能力训练，否则一切都是空谈。对运动项目的规律和特点有了本质的认识，专项运动能力训练的方向才不会出现偏差，运动成绩才会大幅提高。项目的特点不是一成不变的，随着比赛规则的变化，运动水平的提高，在训练中对专项的理解也应随之变化，专项训练的方法和手段也应发生相应的变化。

（2）重视训练与比赛的一致性

从实战出发就是从比赛的实际需要出发，是专项训练与比赛一致性的具体体现和要求。从实战出发要求在训练中使用比赛时完整且高强度的专项训练手段，这对于体能类项目可能十分重要，比如田径中的跳高和跳远等。完整和高强度的专项训练对于高水平运动员尤其重要。运动员进入高水平训练阶段后，各项身体素质以及它们之间的协作已经达到很高水平，某一局部运动能力的改善不仅很难使专项成绩得到提高，而且有时还会影响到整体的发展。此时只有运用完整且高强度的专项练习手段才能在更加接近实际比赛的环境下，充分挖掘那些与专项密切相关的器官和系统的潜力，从整体上促使不同素质之间、各种素质与技术之间以及心理、环境等因素与技、战术的发挥之间的协作更加均衡和稳定。

（3）坚持从难、从严要求

从实战出发，在进行专项能力训练时要从难、从严进行。从实战出发的"难"就是强调专项能力训练的针对性和高质量；从实战出发的"严"，最根本的就是要突出专项的特点。从难和从严的训练要求训练必须有针对性，根据实战需要从实际出发，结合运动员的个体特点，进行有针对性的训练。

（4）注重心理和智力的培养

对优秀运动员的培养，不仅包括加强对其体能和技术的训练，更重要的是加强对其心理和智力的训练。例如，根据运动员的心理与智力特征，坚持从实战出发，塑造其优秀的心理素质。在实战训练中要打破以"体力投入为主"的单一训练模式，使之向身心并重、技能合一的方向转化和发展。在实践中，有些运动员在大赛中因心理失衡而导致失败，其实这就是平时训练中不注重内在质量的结果。

第三节 专项身体素质训练方法

一、专项力量

（一）专项力量概念的界定

1. 不同项目对力量的不同要求

在对"专项力量"进行界定时，必须弄清不同项目对力量的不同要求，通过分析几个典型项目的用力特点后发现，这些要求主要体现在以下方面：

第一，在不同的运动项目中，由于专项动作用力时刻的起始速度要求不同，最终将导致不同专项运动员的力量产生差异。

第二，由于不同的项目对肌肉用力的持续时间要求不同，导致对运动员的肌纤维成分、用力时的供能系统，以及最大力量和快速力量的要求不同。

第三，在肌肉用力的目的相似时，用力收缩方式稍有不同，会对力的效果产生重大的影响。

第四，在动作结构相似的条件下，如果用力方向的要求不同，对运动员的用力要求也是不同的。

第五，即使在动作结构相似的条件下，如果克服的恒定外界阻力不同，对肌肉力量的要求会不同。

第六，不同的项目，产生反作用力的物质材料的性能不同，对肌肉用力的要求不同。

第七，即使动作的结构相近，但由于不同项目的战术要求不同，会造成肌肉力量特点的不同。

不同项目对力量的不同要求中，上述第一至第四点都指明了不同专项的运动员其肌肉收缩用力在时间和空间上的区别，这些区别又是由于运动员在比赛规则的要求下，为了最大限度地挖掘力量潜力所采用的技术造成的。第五点和第六点的恒定外界阻力以及产生反作用力的物质材料，虽然是由规则规定，但这种规则上的限制，决定了运动员采用哪种技术。第七点则指明了战术对力量特点的影响。

总之，不同项目运动员的力量特点，主要是由该运动员比赛动作的技术和战术在时间和空间上对肌肉用力的要求来决定的。

2. 对专项力量的认识

对"专项力量"较为准确的解释是，在运动员比赛动作技术和战术所要求的时空条件下，参与运动的肌肉或肌群收缩克服阻力的能力。由于这种肌肉的能力最终表现为运动员在该项目的比赛中，为了获得比赛的优胜，在符合规则的条件下，对人的整体或某一部分或器械进行最大限度的加速或减速，或使它们保持在一个特定的位置上，因此，运动员所克服的阻力，以及运动员或其控制的器械的速度大小或速度变化大小，以及位移大小和姿势的准确与否，都可用来考查运动员在专项力量上的水平。特别注意，"时空条件"应该包括肌肉收缩时的速度大小、收缩开始前所需改变状态的物体的初速度、肌肉用力的持续时间和肌肉收缩形式。另外，技术是一种理想的"模式"，反映的是一般规律，具有共性；但又必须考虑运动员个人的特点，具有个性。同时技术具有相对性，它随实践的发展而发展，始终处于一个动态的过程中。在理解战术要求时，要特别注意，由于要贯彻战术意图，运动员的心理定向将导致对比赛动作要求的影响。

（二）专项力量训练机理

专项力量是指在运动员比赛动作技术和战术所要求的时空条件下，人体参与运动的肌肉或肌群收缩克服阻力的能力。专项力量训练的目的就是通过专门的肌肉力量训练，使运动员相关的神经肌肉系统引起专项化的适应和提高。

神经肌肉系统可以通过神经和肌肉两条途径来适应训练。根据训练计划的特征，发展肌肉力量时，爆发力将会因去适应其他力量的特征而导致下降。比如，用完成很慢的大负荷抗阻力练习来提高运动员的最大力量时，就可能导致肌肉快速力量和快速收缩能力的下降。因此，首先要确定目标运动的专项化神经肌肉特征，再去安排用以提高专项力量的各种抗阻力练习。

神经肌肉系统引起的适应，以及由此在运动中产生的提高，与所运用的抗阻力练习类型密切相关。这种训练的专项性涉及练习的各个特征。它们包括：练习所动用的肌肉群、动作的结构、关节运动的范围、肌肉收缩的类型与速度。力量训练的专项适应性，要求必须确定目标活动的专项需求。对专项需求的完整分析应该包括：参与工作的肌群、收缩类型、动作速度、"拉长—缩短周期"运动的要求、克服或移动的负荷、动作的持续时间、保持高能量输出方面的要求、能够提供的间歇周期和受伤的可能性等方面。

（三）专项力量训练

1. 体能主导类快速力量性项群

体能主导类快速力量性项群包括跳跃、投掷和举重项目。快速力量的训练在本项群训练中有着特别突出的地位。跳跃项目中快速起跳能力的培养，投掷项目中器械出手速度的训练，举重项目迅速发力上挺能力的训练，都在本项群训练中日益引起高度重视。

2. 体能主导类速度性项群

体能主导类速度性项群包括短跑、短距离游泳等项目。例如：100 米跑、200 米跑、50 米自由泳、100 米自由泳与 100 米跨栏等。

短跑运动员专项力量训练。该项目的力量是一种动力性力量，根据用力的性质，动力性力量又可分为重量性力量和速度性力量。短跑运动中的肌肉活动，既表现为重量性力量又表现为速度性力量，只不过在短跑运动中，肌肉的收缩速度更明显、更重要。因此，把短跑运动员的用力称之为速度性力量。

短跑运动员的力量训练必须和技术相结合，才能使力量训练达到最佳的效果，因为力量训练的最终目的是为了学习技术、提高运动成绩而服务的。可是怎样使二者结合起来呢？简言之，围绕着技术结构的特点进行力量训练。例如，先进的短跑技术要求落地时小腿和踝关节要做积极后扒动作。假若小腿和踝关节的力量差，就不容易做出此动作。为此在训练中就要加强对小腿和踝关节的力量训练。

练习方法有以下几种：①负重做快速的小步跑。要求：落地时小腿和脚做积极的后扒动作，并保持高重心。②负重做高摆扒地的技术。要求：大腿高抬，而后并积极下压踏膝放松，小腿自然前伸，落地时积极后扒。③弹性踏步走和弹性踏步跳。要求：脚掌着地过渡到足尖有弹性地走或跳。④沙坑或木屑跑道上做各种弹性跳，要求：踝关节充分用力落地要有弹性（单足跳、跨步跳和原地双脚跳）。⑤负重（杠铃或沙袋）的原地双脚跳起。要求：脚跟不落地、落地后立即反弹跳起。⑥跳深（40 厘米高）。要求：足尖着地，落地后立即反弹跳起。

游泳的专项力量训练。进行游泳运动员力量训练，力量练习手段选用必须与游泳技术动作结构和完成动作的主要工作肌肉群用力形式相似，才能获得最佳的训练效果。游泳运动员的陆上和水上力量练习应该结合起来，陆上练习的持续时间应与水上比赛项目所需时间相同，这样才有利于将陆上发展的力量转化为水中的力量。

采用陆上力量练习器进行专项力量练习时，必须考虑到水上训练的练习特点，水上和陆上练习的负荷方向一致才是合理的，可进行的陆上专项力量练习器为：橡皮拉力、滑轮拉力和等动拉力。这三种练习器各有不同的特点，相对来说，等动拉力更适合专项，它充分考虑到了水上阻力的性质，在练习的安排上如果水上主要进行速度训练，那么进行力量练习器的训练时，应做力量或速度力量类型的练习。

3. 技能主导类对抗性项群

隔网抗性项群包括乒乓球、羽毛球、网球、排球等项目。专项力量素质是该项群运动员对抗能力、速度，以及运动技术动作的掌握与完善的基础和保证。所以，要求运动员必须进行全面的专项力量训练。

（1）发展上肢专项力量素质训练

发展上肢专项力量素质训练可进行各种徒手的挥拍动作训练；持铁制球拍进行各

种挥拍动作的训练；持轻哑铃进行各种挥拍动作的训练；用执拍手进行掷远训练；进行扣杀、扣球击远的训练。

乒乓球上肢专项力量训练还可采用借力强行训练法，这是一种极限训练法。主要用于发展乒乓球运动员的相对力量。训练方法是：乒乓球运动员在完成极限负荷，训练到每组的最后阶段，单靠运动员本身的力量已无法完成动作，这时教练或同伴及时给予恰当的助力和保护，使其重新再进行挥拍 2 ～ 3 次。这个动作的关键是给的助力要恰到好处。这种训练方法可使肌肉得到最高强度的刺激，能有效地提高肌肉收缩的速度和力量。

（2）发展下肢专项力量素质训练

乒乓球运动员下肢的专项力量训练也至关重要。训练方法有负重半蹲后跳起训练；负重半蹲侧滑步训练；负重交叉步移动训练；负重单、双脚跳训练；负砂背心或者绑砂护腿进行各种步法移动训练。做杠铃半蹲，首先适当放松关节肌肉，选择用尽全力最多做 15 次左右的重量来做，8 ～ 10 个一组，做 4 组，每组间休息 1 ～ 2 分钟，每周做 3 次。注意动作中速度要由慢到快，再由快到稍慢。乒乓球要求爆发力，更要求速度，所以不能像健美运动那样的方式来训练，每周不要超过 3 次，超过 3 次效果反而不好。

二、专项速度

（一）专项速度训练机理

专项速度训练的目的，就是针对不同的专项，通过专门的反应速度训练、动作速度训练、位移速度训练，使运动员相关的神经肌肉系统引起专项化的适应和提高。专项速度的生理、生化基础表现为以下几点：

1. 专项反应速度

反应速度的快慢取决于兴奋通过反射弧所需要的时间即反应时的长短。在构成反射弧的五个环节中，传入和传出神经的传导速度基本上是固定的。所以，反应时的长短主要取决于感受器的敏感程度、中枢延搁和效应器的兴奋性。其中中枢延搁优势最重要的，反射活动越复杂，经历的突触越多，反应时越长。

2. 专项动作速度

（1）肌纤维类型的百分组成及其面积

肌肉中快肌纤维百分比越高、快肌纤维越粗，肌肉收缩速度则越快。

（2）肌组织的兴奋性

肌组织兴奋性高时，强度较低且时间短的刺激强度就可以引起组织的兴奋。

（3）条件反射的巩固程度

在完成动作的过程中，动作技术越熟练，动作速度也就越快。

3. 专项位移速度

以跑为例，位移速度主要取决于步长和步频两个因素及其协调关系。步长主要取决于肌力的大小、肢体的长度以及髋关节灵活性和韧带的柔韧性；而步频主要取决于大脑皮质运动中枢的灵活性、各中枢间的协调性、快肌纤维的百分比以及其肥大程度。神经过程的灵活性好，兴奋与抑制转换速度快，是肢体动作迅速交替的前提，各肌群间协调关系的改善，可以减少因对抗肌群紧张而产生的阻力，有利于更好地发挥速度。所以在周期性的项目中，肌肉的放松能力的改善，也是提高速度的一个重要因素。

（二）专项速度的特点

区别于一般速度的专项速度，按不同的表现形式，可分为专项反应速度、专项动作速度及专项位移速度。运动员在大多数运动项目中所表现出来的专项速度，都是这三种表现形式的综合体现，但在不同项目中，专项速度的三种类型各自占的比重有所不同，通常不会单独出现，而是在不同的专项中，表现出各自不同的需求。

运动员专项速度的发展水平对其总体竞技能力的高低有着重要影响。竞技技术动作大多要求快速完成，良好的专项速度有助于运动员更好地掌握合理而有效的运动技巧，肌肉快速的收缩能够产生更大的力量，高度发展的专项速度又为速度耐力、专项耐力的发展提供了更大的空间。在不同的运动项目中，专项速度有着重要的作用。对体能主导类速度性的竞技项目，专项速度水平直接决定着运动成绩的好坏；对耐力性项目，高度发展的专项速度有助于运动员以更高的平均速度通过全程；对技能主导类项目，时间上的优势可以转化为空间上的优势，使体操、跳水等项目选手有更大的可能完成难度更高的复杂技巧，使球类及格斗项目选手获得更多得分的机会。

（三）专项速度训练

依据项群理论，以运动项目所需运动能力的主导因素为基准，对竞技项目首先分为体能主导类、技能主导类、技心能主导类、技战能主导类四大类。继而以各项体能或技能的主要表现形式或特征作为二级分类标准，把体能主导类项目分为快速力量性、速度性及耐力性三个亚类；把技能主导类项目分为表现难美性；技心能主导类为表现准确性；技战能主导类则分成同场对抗性、隔网对抗性、格斗对抗性及轮换攻防对抗性四个亚类。发展不同类项群专项速度的要求是不同的。

1. 体能主导类

（1）体能主导类快速力量性项群专项速度训练

如跳跃、投掷、举重。该类项目对专项速度的要求主要表现为专项动作速度和专项位移速度。以跳高为例，对其专项速度的训练，主要围绕提高运动员动作速度和位移速度进行。由于大脑皮质神经过程的灵活性是实现高频率动作的重要因素。因此，做高频率的动作的重复练习有助于其发展。例如，跳深、连续跨步跳、原地跳、沙坑跳、跳绳、短距离极限跳、立定三级跳、连续单足跳等。每天训练课跳 150 ~ 300 次、每组重复 1 ~ 5 次、训练负荷采用本人最大速度的 90% ~ 95%。在专项速度练习之后，进行放松训练，提高肌肉的放松能力。

（2）体能主导类速度性项群专项速度训练

如 100 米跑、100 米游泳、500 米自行车等。这类项目对专项速度的要求主要表现为专项反应速度、专项动作速度、专项位移速度三种速度的有机整合。以 100 米跑为例，提高反应时的练习。通过反复发出各种信号刺激让练习者迅速做出反应的信号刺激法练习，是实现缩短反应时的重要手段。如，反复进行听起跑口令或枪声进行起跑练习。此外，还应完善起跑技术，提高动作速率的训练。高频率的动作的重复练习有助于其发展肌组织的兴奋性。如，快速小步跑、快速高抬腿；还可以借助牵引跑、跑台、顺风跑等借助外力提高动作频率的练习。发展磷酸原系统供能的能力，多次重复 20 ~ 60 米的快跑、行进间 20 ~ 60 米快跑、追逐跑等。提高肌肉的放松能力，用次最大速度跑，来避免肌肉过分紧张。发展力量和柔韧性，如持哑铃重复摆臂练习、负重跑、阻力跑等。

（3）体能主导类耐力项群专项速度训练

包括中长距离及超长距离的走、跑、骑、游、滑、划等所有的项目。这类项目是以速度耐力为主导的项目，对专项速度的要求主要表现为专项位移速度。以 1500 米跑为例，在借助牵引跑、跑台、顺风跑等借助外力提高动作频率的练习的基础上进行持续训练，即在一定的速度基础上进行持续 1 分钟左右的练习。以通过提高乳酸能供能能力来解决位移速度尤其是最后 400 米冲刺的能力。提高肌肉的放松能力。在长距离的跑动过程中，注意脚步与呼吸的节奏，摆臂放松，以避免过分紧张。肌肉的放松能力好坏对保持高速度起着重要作用。

2. 技能主导类专项速度训练

例如，体操、艺术体操、技巧、跳水等。这类项目对专项速度的要求主要表现为专项动作速度。以跳水为例，主要采用高频率动作的重复练习，有助于其专项速度的发展。快速练习：如计时俯卧撑；纵跳转体练习：原地跳起转 360° 或 720° 练习，连续进行 10 ~ 20 次，要求转体要快速，连续 2 ~ 3 组；快速翻转练习：连续踺子接小翻、连续快速侧手翻；快速哑铃练习：持 1 千克重轻哑铃，做快速头上双臂屈伸；减少阻力法，可以利用一些增加助力的方法来减轻运动员体重，提高运动员的动作速度，目的是提高运动员高速运动的感觉能力，以帮助运动员提高完成某一技术环节的动作速度。提高速度力量是提高动作速度的重要基础。如，计时快速推倒立、臂屈、俯卧撑；计时快速完成两头起、背屈伸；计时快速引体向上练习；规定距离的快速爬倒立练习，等等。

3. 技战能主导类

（1）隔网对抗类专项速度训练

如乒乓球、羽毛球、网球、排球等。这类项目对专项速度的要求主要表现为专项反应速度、专项动作速度、专项位移速度三种速度的有机整合。以乒乓球为例，提高反应时的练习可采用信号刺激法，如多球快速练习、视觉反应练习。提高动作速率的训练可进行多球练习，加快供球的节奏和增大回球的难度等。提高灵敏度训练可进行正确的、反复的练习技术动作，尤其是结合性技术动作，提高各种技术动作之间的衔接和转换的协调性和节奏感。

（2）同场对抗类专项速度训练

如足球、手球、冰球、篮球等。这类项目对专项速度的要求主要表现为专项反应速度、专项动作速度、专项位移速度三种速度的有机整合。以足球为例，训练方法：

①提高反应时的练习

信号刺激法。如轻跳，听（看）教练员击掌，快速转体180°；队员站成四路纵队，人与人之间距离3～5米，教练员站在队伍前面，按照教练员口令和各种手势，全队做向前、向后、向左、向右快速度起动2～3米或原地转体180°等各种动作的变换练习。

②提高动作速率的训练

重复训练法。通过反复地在快速运动中完成两个或两个以上技术动作结合的练习，逐步提高运动员无球和有球技术动作的熟练程度，建立巩固的动力定型。大量采用田径运动中训练短跑运动员的训练方法来提高足球运动员的跑速。多采用15～30米各种不同开始姿势的快速冲刺跑。如，后退四五步后立即向前冲刺10米；连续向前冲三步，再转身后退两三步，再向前冲三四步等方法。

（3）格斗对抗类专项速度训练

如摔跤、柔道、散打、拳击等。这类项目对专项速度的要求主要表现为专项反应速度、专项动作速度、专项位移速度三种速度的有机整合。以拳击为例，训练方法：

①提高反应时的练习

信号刺激法。如"相互摸肩练习"，即两人相对分开站立，伺机拍击、触摸对方的肩部，且可相互躲避对方的拍击，看谁反应快，拍击次数多。

②提高动作速率的训练

如"最高速度完成单个动作或组合拳法的练习"，在15～20秒内，尽最大速度，尽可能多次快速地完成单个动作或组合拳法。"负重快速完成动作法"，以最大力量水平的15%～20%为宜。

③提高ATP-CP系统和乳酸能供能系统的机能水平

"最高速度完成单个动作或组合拳法的练习"，是在较短的时间内，大强度、大密度的练习，能较好地发展提高ATP-CP系统和乳酸能供能系统的机能水平。

④提高肌肉的放松能力

通过短距离的变速跑、变向跑、单脚跳、双脚跳、收腹跳、跨步跳等各种跑跳动作，重点发展踝关节和小腿三头肌的爆发力及弹性。

（4）轮换攻防对抗类专项速度训练

如棒球、垒球、板球等。这类项目对专项速度的要求主要表现为专项反应速度、专项动作速度、专项位移速度三种速度的有机整合。以棒球为例，训练方法：

①提高反应时的练习

采用信号刺激法，如投球手以不同的速度，不同的角度反复投向击球手，让其挥棒击球。

②提高动作速率的训练

在无球状态下，重复进行挥棒技术的练习。

③发展磷酸原系统供能的能力

利用重复训练法，在对以上练习进行多次重复的同时，也很好地发展了磷酸原系统供能的能力。

④提高肌肉的放松能力

尤其是在挥棒前的等待期，过度的紧张会加速能量的消耗。挥棒的瞬间，拮抗肌的主动放松能提高挥棒的有效力量，从而提高专项动作速度。"负荷交替法"，可以用较重的棒球棒进行挥棒练习，之后换正常棒球棒接着再做若干次挥棒练习。

三、专项耐力

（一）专项耐力的概念

"耐力"的定义是人体在尽可能长的时间内进行肌肉活动的能力。耐力是人体抵抗疲劳并持续活动的能力。

专项耐力概念虽然已被提出很多年，但是直到现在仍未对此概念的内涵和外延达成一个统一的共识，例如在《体育科学词典》中，把专项耐力的概念定义为运动员长时间持续地或多次地重复地完成专项运动的能力。

（二）专项耐力的训练机理

人体的运动能力不可避免会受到自身形态结构、心理因素以及环境条件的限制。

要想在比赛中取得优异的运动成绩，运动员就必须在生理机能、技术水平和心理素质几个方面获得最大的发展。在探讨训练机理之前，首先要明确影响专项耐力成绩的关键因素，在此基础上才能更好地探索合适而有效的训练方法。

影响耐力素质的因素有多种，这里主要讨论生物学、心理学和遗传学的影响因素，主要从外周性限力因素、中枢性限力因素、心理限力因素以及遗传限力因素四个方面对耐力成绩的影响因素进行研究。

1. 外周限力因素

与中枢限力因素相对应，把心肺功能、内环境的稳定性、肌纤维的类型以及肌肉的横断面积统称为外周限力因素。根据物质转运理论，引入"转运系数"的概念来描述物质从一处运往另一处的能力。物质运输中某一环节的转运系数等于该环节中运输阻力的倒数。氧气的转运系数越大，则受到的阻力越小，氧气转运系数的大小主要取决于心肺功能的强弱；二氧化碳、乳酸及物质代谢的转运系数的大小决定了人体内环境稳态的维持，而内环境的稳定性是有机体正常运行的基础保障；同时人体体温的平衡也影响着内环境的稳定，机体总是通过调节产热率和散热率，使机体的产热量等于散热量，从而保持机体的平衡。耐力训练中归根到底还是肌肉的运动，肌纤维的类型、肌纤维类型的百分比及肌肉的横断面积等都是影响耐力成绩的重要因素。由此可见，能量的供应、内环境的稳态、肌纤维类型及肌肉的横断面积都是影响耐力成绩的决定性因素。从项群的特点角度出发，外周限力因素对于体能类项群的影响占有较大比重，例如体能类项群中的中长跑项目，拥有强大的心肺功能和良好的内环境调节机制是获得优秀运动成绩的基本保障。

2. 中枢限力因素

神经系统的专项性特征决定运动单位参与数量与类型，而神经发放冲动的强度和发放模式决定了肌肉力量大小、递增率和持续时间。各中枢间兴奋和抑制的协调，使肌肉活动节律化、能量消耗节省化及吸氧量和需要量相对平衡化，从而能长时间保持运动。神经过程的相对稳定及各中枢之间的协调性是提高有氧能力的重要前提。提高脑细胞对酸性环境的耐受力是耐力训练过程中一个很重要的部分，只有保证信息处理中心和命令下达中心的正常工作，人体的其他功能才得以正常地运行，才能保证机体持续地运动下去。战能类项群和技能类项群中的运动项目需要大强度的神经发放冲动和高频率的兴奋与抑制的相互转换，中枢限力因素对于此类项目影响较大一些，同时中枢机制的耐酸性对于无氧运动项目同样非常重要，而对于一些射击类项目又需要神经的高度集中。

3.心理限力因素

影响成绩的除了身体的、技术的因素之外，心理限力因素也起到决定性的作用，然而，心理训练往往没有被放在重要的位置上，这是目前运动训练过程中的一大缺憾。在高水平运动员的角逐中，最后决定胜负的关键因素往往是心理因素，所以心理训练应引起教练的高度重视。在长期艰苦的耐力训练过程中，个体的心理特征是运动员通过自觉的努力获得最佳身体训练效果的主要决定因素。坚强的意志品质还会促使运动员在面对肉体痛苦和精神挫折时，竭尽全力地拼搏。

4.遗传限力因素

从人类遗传学上看，耐力性项目的运动成绩与其他运动项目的成绩一样，是复杂的多因素的集合。研究发现，人的生理、心理以及神经等的特性受遗传的影响较大，遗传因素在很大程度上决定着运动员的发展方向与发展潜能的大小，例如白肌纤维含量多的运动员适合于快速运动的项目，而红肌纤维多或血红蛋白含量高的运动员则适合于耐力性运动项目。

基于以上分析，从专项耐力影响因素的角度去分析耐力训练的训练机理，得出专项耐力的训练机理主要由以下几部分构成：提高心肺功能及能源储备、提高机体的耐受力、提高神经—肌肉系统的协调整合的能力及其培养运动员坚强的意志品质和完备的心理素质。

（三）专项耐力训练

1.体能主导类快速力量性项群

此类项目对于专项耐力的要求主要表现为以最大强度重复完成完整比赛动作的能力。例如田赛项目、举重等。

训练方法：重复训练法。这是以多次重复完成比赛动作或接近比赛要求的专项练习为主的训练方法。例如在举重项目中，可以规定某一运动负荷，然后让运动员在此负荷下以标准动作尽可能多地重复完成，直至力竭。跳高耐力训练中，要求运动员在某一高度持续地完整完成跳跃练习。

2. 体能主导类速度性项群

此类项目对于专项耐力的要求是运动员尽可能地在最短的时间内通过全程。例如100米跑、200米跑、50米自由泳、100米自由泳与100米栏等项目。

训练方法：①间歇训练法。根据项目的特点以及时间的要求，安排在一定的时间内重复若干组，组间有间歇休息时间，放慢节奏和速度；②变速训练法。长短段落变速跑，分为多种训练方式，例如，快慢结合跑，200米快+200米慢+150米快+150米慢+100米快+100米慢+100米冲刺跑，这样可以增强对比赛中速度和耐力结合的意识，体会如何在疲劳状态下进行高速运动；③追逐性训练。例如，让运动员排成一路纵队快跑前进，队尾最后一人急速追赶跑向队首，然后队尾的队员再连续地跑向队首；④上下坡往返跑，下坡时候快跑，上坡时候慢跑等。

3. 体能主导类耐力性项群

此类项目对于专项耐力的要求是用尽可能快的平均速度通过全程。例如800米以上径赛项目、公路自行车、铁人三项等项目。训练方法如下：

（1）持续训练法

这是一种负荷强度较低、负荷时间较长、练习过程并不中断的练习方法。持续训练法是为重点发展有氧代谢水平而提出的。该法强调一次负荷运动的持续时间较长，强度适中，心率负荷指标应在每分钟130～160次之间。例如在铁人三项运动中，为了发展运动员的有氧耐力，如果运动员要在10.5小时内完成铁人三项比赛，每周至少要进行11千米的游泳、320千米的自行车和65千米的跑步训练来加强体能。

（2）高原训练法

此方法是在高原上进行耐力训练的一种训练手段。我国在云南海埂、青海多巴和宁夏西吉等多地建立了中度高原训练基地，并把高原训练作为大赛前的重要训练手段，取得了显著的训练效果。中度高原空气密度只有海拔平面的77%，氧含量只有平原地区的3/4左右，氧分压大于平原地区的20%～25%。当运动员在这样的环境下进行训练时，由于"调节适应期"产生应激，呼吸频率和心率加快，溶解在血管里的部分氧气受低气压的影响不易被身体吸收，使得血管体积增大、血管扩张、血管壁增厚、血管变粗、通过的血量增多，从而更好地锻炼了心血管系统，提高了最大摄氧量和血色素浓度，增强了耐受乳酸的能力。

4. 技能主导类表现难美性项群

此类项目对于专项耐力的要求是以最佳技术重复完成完整比赛动作的能力。例如体操、艺术体操、跳水、花样滑冰、花样游泳等项目。训练方法如下：

（1）完整练习重复法

包括规定练习动作套数的重复法和规定练习时间的重复法。规定练习动作套数的方法是指让运动员尽量以比赛规格的动作质量完成某一数量的动作套数。而规定练习时间的重复法是指让运动员在规定的时间内尽量以比赛规格的动作质量进行专项动作的练习。例如在体操的训练中可规定运动员一次性完成 5 ~ 15 遍整套动作练习或规定在一定的时间内持续地进行某一套专项动作的练习。

（2）分段练习重复法

是指对有整套动作中的某一技术环节的多次重复练习，例如体操训练中原地连续侧空翻、前空翻、连续趋步踺子、踺子小翻等。

（3）间歇训练法

间歇训练理论认为，训练时心率达 170 ~ 180 次 / 分钟，间歇后心率达 100 ~ 125 次 / 分钟时再进行训练，此种训练方法主要发展的是磷酸原供能系统。

四、专项柔韧

（一）概念界定和分类

从物理学的角度来看，柔韧素质是指物体在受力变形后，不易折断的性质。从解剖学的角度来分析，柔韧素质是指人体关节活动幅度的大小以及跨过关节的韧带、肌腱、肉、皮肤以及其他组织的弹性和伸展能力。它包括两个方面的含义：一个是关节活动幅度的大小，另一个是跨过关节的肌肉、肌腱、韧带等软组织的伸展性。关节的活动幅度主要取决于关节本身的解剖结构，跨过关节的肌肉、肌腱、韧带等软组织的伸展性，则主要通过先天遗传和后天训练获得。因此，柔韧素质，就是人体通过先天遗传和后天训练获得的关节活动幅度的大小，以及关节周围软组织的伸展能力。

柔韧素质可以分为一般性柔韧和专门性柔韧两种。一般性柔韧通常指运动员在进行一般训练时，为适应和保证一般训练顺利进行所需要的柔韧素质。例如，球类运动员在速度练习时加大步幅所需要的腿部柔韧性；田径运动员负杠铃进行深蹲练习时需要的大腿后群肌肉所表现出来的柔韧性等。专门性柔韧即是专项运动技术所特需的柔韧性。

（二）专项柔韧的训练机理

影响柔韧素质的因素有很多，包括人体解剖特征、神经活动过程特点、心理因素及身体状况等。大致有以下几个方面：

1. 肌肉、韧带组织的弹性

肌肉、韧带组织的弹性是影响柔韧素质的最主要因素。遗传对它们有着一定的影响，但也取决于男女性别、年龄特征及中枢神经系统的兴奋性。在中枢神经系统的影响下，肌肉的弹性会产生显著的变化，如比赛中情绪高涨，柔韧性会有很大程度的提高。

2. 关节的骨结构

关节的骨结构是影响柔韧性诸因素中最不易改变的因素，基本上完全由遗传所决定。虽然训练可以使骨结构产生部分的变化，但也仅表现在关节内软骨形态的变化方面。而且这种变化只能局限在关节骨结构许可的范围内。

3. 关节周围组织的体积大小

关节周围组织体积的大小对关节活动起着限制作用。它一方面受先天遗传的影响，另一方面也受后天训练的影响。往往由于这些关节周围组织体积的增大而影响柔韧素质的发展，如有些肌肉体积增大就影响其周围关节的活动幅度。

4. 神经活动过程特点

神经活动表现为兴奋与抑制的转换。这一转换过程的灵活性与运动活动中肌肉的基本张力有着密切的关系，特别表现在中枢神经系统调节对抗肌之间的协调，以及对肌肉紧张和放松的调节。由于神经活动过程分化抑制的发展程度对运动员随意放松能力起重要的作用，因此与柔韧素质有着密切的关系。神经系统能很好地改善对抗肌之间的对抗程度，这将使肌肉放松与紧张的调节能力得到提高，使柔韧性得到良好的表现。

5. 心理紧张度

运动员表现出来的心理变化可以通过中枢神经系统、体液调节等影响到有机体各部位的工作状况。心理紧张度过强、过长会使神经过程由兴奋转为抑制，严重影响各部位的协调能力，从而影响柔韧性；反之，如心理紧张度适度，则有助于柔韧性的表现。

6. 外部环境的温度和表现柔韧性的时间

18℃以上的外界温度是表现柔韧性的最适宜温度，18℃以下则对柔韧性的表现不利。在一天的不同时间内，运动员的柔韧性也不相同。虽然这与一天内外界温度的变化有关，但更重要的是一天内有机体的机能状态存在着一定的变化。例如，刚睡醒时柔韧性较差，早晨明显下降，中午比早晨好。

许多人以为早晨人的柔韧性好，其实是一种误解。利用早晨进行柔韧性练习主要是因为肌肉内的张力通过一夜睡眠已得到调节，多余的肌紧张已得到消除，肌肉处于松弛状态，韧带易于拉开。

7. 主动柔韧性与肌肉的力量有关

有机体某部位的力量大，有助于增大这个部位的活动幅度，显而易见，这个部位的主动柔韧性就必然好。但是力量训练使这部位周围的肌肉组织、韧带等软组织体积增大，那也将影响到关节的灵活程度。因此，在练习时可采用力量练习和柔韧性练习合理结合的方法，克服因力量训练带来的不良影响，从而使这两种素质的发展都达到很高的水平。

8. 有机体疲劳的程度

在有机体疲劳的情况下，柔韧性会产生很大的变化，这时主动柔韧性指标下降，而被动柔韧性指标则会提高。

在运动活动的实践中，准备活动做得充分与否、训练时间的长短等非本质性因素对柔韧性也有相当明显的影响。

9. 年龄与性别

（1）年龄

根据人的自然生长规律来看，初生的婴儿柔韧性最好。随着年龄的递增、骨的骨化、肌肉的增长，人的柔韧性逐渐加强。柔韧性的增长在 10 岁以前自然获得发展，10 岁以后随年龄的增长，柔韧性相对降低。特别是髋关节，由于腿的前后活动多，加之肌肉组织增大，使左右开胯幅度明显下降。因此，在 10 岁以前就应进行柔韧练习，使自然增长的柔韧性得到提高。

（2）性别

根据生理解剖特点，男子的肌纤维长，横断面积大于女子，伸缩度较大，全部肌纤维的 3/4 强而有力；女子的肌纤维细长，横断面积小于男子，伸展性好，对关节活动限制小，全身仅有 1/2 的肌纤维强而有力。因此，女子关节的灵活性好于男子。

（三）专项柔韧训练

专项柔韧的训练，不同的项目有其不同的训练方法，但在同一运动项群中，柔韧素质的训练方法有值得借鉴的地方，现按不同运动项群介绍其中每一运动项目专项柔韧训练方法。

1. 技能主导类表现难美性项群

此类项目对于专项柔韧的要求是，运动员以最佳的技术富有美感地完成完整的比赛动作并减少损伤可能的能力。例如：体操、花样滑冰、艺术体操、跳水、花样游泳等项目。以体操为例。发展运动员柔韧素质的方法有两种：即被动和主动，也称消极和积极。被动柔韧练习是指依靠外力的作用促使关节灵活性增大，这一方法可使柔韧指标迅速提高，但与实际应用有一定的距离，运动员承受的痛苦较大。主动柔韧练习是指通过与某关节有关肌肉收缩来增加关节灵活性的方法。这一方法与专项动作的表现形式相一致，易于体现在体操动作之中，但要想在原有的基础上进一步提高比较困难。由于这两种方法各有利弊，在体操训练中多结合使用。

（1）体操运动员柔韧素质训练方法

单人或双人的各关节伸展练习；采用各种方式、方法拉长肌肉、韧带、肌腱等结缔组织，如甩腰、吊腰、劈叉、压腿、踢腿等多种训练方法；专项动作模仿练习，如大幅度振摆、后软翻、吊环后转肩等。

（2）体操运动员柔韧素质训练负荷

①练习强度：开始以中等强度为宜，最后可达80%以上。

②练习时间：每次可控制在10～20秒，时间不宜太长。

③间歇：完全恢复，可做积极性放松活动。

④重复次数：5～10次。

⑤练习次数：3～5组为宜。

2. 技能主导类隔网对抗性项群

此类项目对于专项柔韧的要求是，能在整个比赛过程中完整地完成每个技术动作，增加动作的幅度，避免受伤。如羽毛球、乒乓球、网球等以个人为主的运动项目。

现以乒乓球为例，试做说明。乒乓球运动的柔韧素质主要表现为动力柔韧性，即肌肉、肌腱、韧带根据动力性技术的需要，拉伸到解剖学允许的最大限度能力，随即利用强有力的弹性回缩力来完成所要完成的动作。所有爆发力拉伸都属于动力柔韧。静力柔韧性是肌肉、肌腱、韧带根据静力性技术动作的需要，拉伸到动作所需要的位置角度，控制其停留一定时间所表现出来的能力。

柔韧素质的训练方法有两种，即主动或被动形式的静力拉伸法和主动或被动形式的动力拉伸法。这两种训练方法的特点都是在拉伸作用下，有节奏地逐渐加大动作幅度或多次重复同一动作，使软组织逐渐地或持续地受到被拉长的刺激。

（1）主动或被动的静力拉伸

主动或被动的静力拉伸是指缓慢地将肌肉、肌腱、韧带拉伸到酸、胀、痛的感觉位置，并略微超过，然后停留一定时间的练习方法。这种方法可以减少或消除超过关节伸展能力的危险，防止拉伤。由于拉伸缓慢不会激发牵张反射，一般要求在酸、胀、痛的位置停留8～10秒，重复3～5次。

（2）主动或被动的动力性拉伸

主动的动力性拉伸方法是靠自己的力量拉伸，被动的动力性拉伸方法是靠同伴的帮助或负重借助外力的拉伸，但外力应与运动员被拉伸的可能伸展能力相适应。

采用有节奏的、速度较快的、幅度逐渐加大的、多次重复一个动作的拉伸方法时，用力不宜过猛，幅度一定要由小到大，先做几次小幅度的预备拉长，然后再加大幅度，以免拉伤。

3. 体能主导类快速力量性项群

此类项目对于专项柔韧要求主要是，增加肌肉的弹性，加大关节活动幅度，保证在完成技术时进行大幅度的动作，有利于提高节奏控制能力、动作的高度协调性，以及防止受伤，起保护作用。如投掷、跳跃类运动。

以投掷类为例，投掷类项目的柔韧性训练基本上采用拉伸法，分为拉伸法和静力拉伸法。在这两种方法中都有主动、被动拉伸两种不同的训练方式。身体的各个环节肌肉、关节的主动和被动的大幅度伸展和牵引练习通常安排在准备活动和主要练习之间。具体训练内容根据运动员个体情况而定。一般采用肩关节柔韧练习、徒手和带重物做两肩向前或后的绕环的练习、徒手压肩等。

腰部和髋部练习采用站立前屈、俯卧背伸、转体、甩腰及绕环、交叉步跑、正面大步转髋、负重弓箭步走等。不仅要加强柔韧性，还要注意发展各个环节的伸展性和肌肉的弹性，根据专项特点，优先发展肩部和躯干部位的柔韧性。柔韧性练习必须经常进行。

4. 体能主导类耐力性项群

此类项目对于专项柔韧要求主要是可以增加关键关节的柔韧性和灵活性，有利于提高专项要求的运动步幅和技术，配合耐力提高竞技能力。如竞走、中长跑、长跑等运动项目。现以竞走运动员的柔韧性训练为例。

竞走运动员的柔韧素质直接影响竞走运动员的步幅和技术，尤其是髋关节的柔韧性和灵活性。采用身体各个环节肌肉、关节的主动和被动的大幅度伸展和牵引练习，通常安排在准备活动和主要练习之间。根据竞走运动员的特点，在练习时提高运动员的肩、髋、膝、踝等关节的柔韧性和灵活性，适当增加身体围绕垂直周转动的幅度，提高肌肉紧张和放松能力，以改善动作的协调均衡性，协调能力。

5. 体能主导类速度性项群

此类项目主要是更有利于运动技术的掌握和肌力的发挥，如游泳、短距离跑等项目。以游泳为例，其练习方法：

（1）动力牵拉

动力牵拉是指有节奏地、速度较快地、幅度逐渐加大地多次重复一个动作的拉伸方法。在运用该方法时，用力不宜过猛，幅度要由大到小，从而避免拉伤。每个练习重复 5 ~ 10 次。

（2）静力牵拉

静力牵拉与动力牵拉正好相反，是轻柔、缓慢地将关节移到最大活动范围内，将肌肉、肌腱、韧带拉伸到一定的酸、胀、痛的感觉位置并略有超过，然后停留一定时间的练习方法。这种方法可以减少或消除超过关节伸展能力的危险性，防止拉伤。由于拉伸缓慢不会激发牵张反射，一般要求在酸、胀、痛的位置停留 5 ~ 60 秒，重复 6 ~ 8 次。

（3）被动牵拉

被动牵拉是静力牵拉的一种，由他人施加的一个压力，即在同伴的帮助下或负重借外力的拉伸使活动幅度增大，但外力应与运动员被拉伸的程度相适应。

（4）慢速动力拉伸

慢速动力拉伸是用比较慢的速度进行动力拉伸，可与静力牵拉结合进行，当关节移到最大幅度时静止 5 秒或更长的时间。

（5）收缩—放松法

收缩—放松法是根据神经肌肉的本体感受特征发展起来的。其根据是当肌肉先收缩时，可以更充分地放松，使活动幅度增大。

牵拉的程度比牵拉的方式更为重要，但有两种方式潜在的危险性比较大，应尽量避免。动力牵拉是最危险的，因为正在快速运动的肢体很难被控制，因此容易造成过度拉长。被动牵拉也比较危险，一个强壮而热心的同伴很可能将被牵拉者的肌肉和肌腱拉伤。不过，被动牵拉比较适合于踝关节的牵拉练习，因为这个关节不容易被过度牵拉，而且被动牵拉的效果很好。

每次训练前后应安排 10 ~ 20 分钟的牵拉练习，这样有利于运动员在游泳专项训练时增大动作幅度，同时改进技术。建议静力牵拉和收缩—放松牵拉持续 6 ~ 60 秒，因为训练效果可能达到活动范围极限在开始数秒时就已经产生，过长的牵拉可能是浪费时间。每次练习可进行 3 ～ 6 组，每组 10 ～ 15 次。进行任何素质训练的同时，也伴随着调节器、结构代谢方面的改变。然而，适应改变的过程取决于负重力量、肌肉收缩的方式、速度及练习的持续时间、肌肉组织的个体结构。

第九章　高校体育锻炼的科学化训练

第二节　球类运动的科学化训练

一、足球运动基本技术

（一）传球

1. 脚内侧踢球技术

足球运动项目的练习者在传球开始之前，应该进行直线型助跑，在最后一步的时候，跨步要大。当支撑脚跨步向前进行支撑的时候，练习者的脚掌应该同地面之间保持一定的距离，同时保证落地支撑的积极、快速。当练习者的支撑脚落地的时候，先落地的应该是脚后跟，通过滚动式向前到全脚掌支撑过渡。此外，练习者需要注意的是，应该适当弯曲支撑腿的膝关节，使身体重心的稳定得到保持。

2. 脚背内侧踢球技术

斜线助跑，助跑方向与出球方向约成 45 度角。助跑最后一步要大一些，一般应保持在本人跨一大步的距离较好。支撑脚落地时以脚跟及脚掌的外侧沿先着地，然后过渡到全脚掌。支撑脚脚尖指向出球方向，膝关节微屈支撑身体重心，上体略向支撑脚一侧倾斜并稍侧转体（支撑脚一侧的肩部稍向前，踢球脚一侧肩稍向后）。支撑脚与球的位置以支撑脚脚尖与球的前沿保持平齐较好，左右距离以支撑脚的内侧沿与球的外侧沿保持 15 ~ 20cm 较好（不同骨盆宽度的人可以适当调整支撑脚与球的左右距离，但一般不要超过 25cm）。在支撑脚着地的同时踢球腿以髋关节为轴，大腿带动小腿由后向前摆动（大小腿折叠要紧），当踢球腿膝关节摆至球的内侧垂直上方时，小腿做爆发式前摆（大小腿突然打开），脚尖稍向外侧转，脚尖指向斜下方，脚背绷紧固定，以脚背内侧部位踢球的正中后部（踢高球时，可踢球的中下部）。踢球后身体重心随踢球腿的前摆向前移动。

3. 脚背正面踢球技术

直线助跑，最后一步要大一些，成跨步，支撑脚要积极跨步落地，以脚后跟先着地形成滚动式着地支撑。支撑脚的位置是左右距离为支撑脚的内侧沿与球的外侧沿距离在 10 ~ 15cm 之间，一般不应超过 20cm。前后距离以支撑脚的脚尖与球的前沿保持平齐为好，过前过后都会影响踢球的效果。在支撑脚落地支撑的同时，踢球腿大腿带动小腿（大小腿折叠紧状态）由后向前摆，当膝关节摆到球的垂直上方前的瞬间，大腿制动减速而小腿爆发式突然加速前摆，以脚背正面部位触踢球的正中后部位。踢球后自然向前跟出保持身体重心的平稳。

4. 脚背外侧踢球技术

踢平直球时，助跑、支撑位置与姿势、踢球腿的摆动基本与脚背正面踢球动作相同。只是用脚背外侧触踢球。在踢球腿的膝关节摆到球的垂直上方前的瞬间，小腿做爆发式前摆，小腿前摆时，脚尖向内转并向下指（踝关节内收并旋内），脚背绷紧，脚趾扣紧，以脚背外侧部位触击球的正中后部。踢球后身体随球向前自然移动，保持身体平衡。

（二）接球

本文此处关于足球运动接球技术的说明，主要以脚背正面接空中球技术例。

支撑腿屈膝稳定支撑身体重心，支撑位置一般在球的侧后方适当位置。接球腿屈膝抬脚，踝关节保持适当紧张，以脚背正面正对来球，在球下落触到脚背的瞬间前接球，脚向下回撤将球在下撤过程中接在自己控制范围之内和下一个动作需要的位置上。并快速完成下一个连接动作。

另一种方法是接球脚基本不向上抬起，而是脚背向上勾起，踝关节保持中度紧张，在接近地面高度 5 ~ 10cm 处触球，通过球下落的冲击力将勾起的接球脚背砸下去从而缓冲了球的力量，将球接控在自己下一个动作需要的控制范围之内，并快速完成下一个连接动作。

（三）运球

1. 脚内侧运球技术

在足球运动的运球技术中，最慢的一种就是脚内侧运球。所谓的脚内侧运球，主要是指在需要练习者身体对球进行掩护的一些死角区域或者边线附近需要使用的足球运动项目运球方法。为了能够使对方队员不能抢走球，练习者应该通过侧身转体的姿势将对方的防守队员挤靠住。此外，一般来讲，"之"字形的路线是通过脚内侧来完成的。

在足球运动项目脚内侧运动的过程中，稍微向前跨出支撑脚，在球的前侧方踏住，弯曲膝关节，前倾上体，做出侧身运球的状态，即向运球脚的一侧转体，提起运球脚，在对球的后中部进行推拨的时候使用脚内侧部位。

2. 脚背内侧运球技术

足球运动项目练习者在跑动的过程中，需要自然放松自己的身体，做出小些的步幅，前倾上体，同时微微朝着运球的方向转动。练习者提起运球脚的时候，要稍微弯曲膝关节，提起脚跟，稍微向外转脚尖，在迈步向前的时候通过脚背内侧向前推拨球，在对方向进行改变的时候，常常会对脚背内侧运球技术进行使用，同时，通常来讲，运动的过程中经常会走出"之"字形路线。

3. 脚背正面运球技术

足球运动项目练习者在跑动的过程中，需要自然放松自己的身体，做出小些的步幅，前倾上体。当练习者提起运球脚的时候，要弯曲膝关节，提起脚后跟，稍微向下指脚尖，同时，在迈步向前的时候通过脚背正面部位对球的后中部向前推拨、足球运动项目的脚背正面运球技术的适用情况是：在快速跑动的过程中，由于前方存在较大纵深距离而必须要进行突破或者快速运球的时候。

二、篮球运动基本技术

（一）移动

1. 起动

篮球运动项目开展过程中的起动，主要是指在球场中练习者的一种动作，即从静止状态向运动状态转变，同时，起动也能够作为一种方法，促进位移初速度的获得。

在篮球运动项目开展过程中，起动的动作要领在于在动作开始前降低重心，前倾上体，双手手臂的肘部弯曲，在体侧自然垂直，后脚或者异侧脚的前脚掌的蹬地动作要用力，伴随手臂快速摆动的动作进行起动。

起动中比较容易出现的错误是：没有及时地移动重心，后脚的前脚掌或者是异侧脚没有做出充分地蹬地动作，存在较大的步幅。

对阵篮球运动中起动常见的错误，纠正的有效方法是，蹬地时快速用力，尚未向前倾上体，突然的摆动手臂起动，最开始的两步或者散步应该快速且步幅小。

2. 跑

在篮球运动项目开展的过程中，跑作为一种脚步动作，目的在于争取时间促进攻守任务的完成。一般来讲，在篮球运动项目的比赛活动中，主要有以下几种常见形式的跑。

（1）变向跑

如果方向的改变是由右边向左边的时候，在最后的一步应该通过右脚的前脚掌内侧做用力蹬地的动作，同时还要稍微内扣脚尖，屈膝迅速，之后左转腰部，向左前方前倾上体；对重心进行移动，向左前方跨出左脚，之后再快速地前进。

（2）变速跑

在篮球运动项目开展的过程中，一种练习者跑动时通过改变速度来促进攻守任务完成的方法就是变速跑。练习者从慢跑向快跑转变的时候，前倾上体，短促有力地用前脚掌向后蹬地，同时摆动手臂要迅速，在开始的两步或者三步的时候，跑的频率应该加快。当练习者从快速跑向慢速跑转变的时候，需要抬起上体，加大步幅，用过前脚掌同地面接触，使冲力得到减缓，进而使练习者跑步的速度得到降低。

（3）后退跑

在篮球运动项目开展的过程中，当练习者做后退跑动作的时候，需要交替地使用双脚的前脚掌蹬地且跑动向后，同时，还要挺直、放松上体，双手手臂的肘部弯曲同摆动相配合，使身体保持平衡，两只眼睛半视，对于场上的情况进行观察。

（4）侧身跑

在篮球运动项目中，侧身跑的关键目的在于，当练习者跑向前方的时候，朝着跑动的方向将脚尖对准，同时将头部与上体向着球所在的方向转动，以便于对场上的情况进行观察。

3. 滑步

在篮球运动项目的防守移动中使用频率比较高的一种步法就是滑步。滑步对于练习者身体平衡的保持是非常有利的，能够移动向任何一个方向。对于滑步而言，一般可以将其分成三种类别，即前滑步、后滑步、侧滑步，其中侧滑步也就是横滑步。

4. 急停

急停是队员在运动中突然停止的一种脚步动作，分跳步急停和跨步急停两种。

（1）跳步急停

在篮球运动项目的慢速移动与中速移动中，练习者的起跳可能会使用单脚，也可能会使用双脚，同时会稍微向后仰上体，两只脚要同时落向地面，同时，在双脚落地的时候保持两腿膝盖的弯曲状态，且双手手臂肘部弯曲向外张开，使身体保持平衡。

（2）跨步急停

在篮球运动项目开展的过程中，如果快速移动的时候练习者需要急停，那么就需要跨一大步向前，后仰上体，后移重心，先着地的一定是要用脚跟，然后向全脚掌抵住地面过渡，快速地弯曲膝盖。之后就可以进行第二步了，当双脚落地以后，稍微向内转脚尖，通过脚前脚掌内侧做出蹬地动作，弯曲双腿的膝盖，使上体向侧稍微转动同时向前微倾，在双脚之间保持重心，双手手臂的肘部弯曲自然打开，使身体保持平衡。

5. 转身

转身作为一种篮球运动项目中的脚步动作，是以练习者的一只脚作为中轴的存在，同时用力地将另外一只脚蹬地，旋转身体，进而使练习者的身体方向得到改变。在转身动作完成的过程中，身体重心向中枢脚转移，将脚提起，将前脚作为中轴，用力向下碾地的同时，移动脚步使劲蹬地，随着移动脚的转动，上体也要转动。需要注意的是，身体重心不能上下起伏，其转动需要沿着一个水平面。当练习者的转身动作完成以后，使自身身体保持平衡，以促进同下一个动作之间的衔接。

通常来讲，我们会将转身分成两种，即前转身与后转身。所谓的前转身，主要指的是移动脚跨步转向中枢脚前方，进而使练习者的身体方向得到改变；而所谓的后转身，主要指的是移动脚撤步转向中枢脚，进而使身体方向得到改变。

（二）传、接球

在篮球运动项目中，比较重要的基本进攻技术之一就是传、接球技术。通常或经过多次及时、准确地传、接球才能够实现一次成功的进攻，进而实现攻击时机的创造。

1. 双手胸前传球

双手胸前传球是比赛中最基本、最常用的传球方法，用这种方法传出的球快速有力，可在不同方向、不同距离中使用，而且便于和投篮、突破等动作结合运用。双手持球的方法是两手手指自然分开，拇指相对成"八"字形，用指根以上部位持球，手心空出。

2. 单手肩上传球

单手肩上传球是单手传球中一种最基本的方法。这种传球的力量大，速度快，常用于中、远距离传球。

（三）投篮

投篮是进攻队员为将球投向球篮而采用的各种专门动作的总称。

1. 原地单手肩上投篮

它是现代篮球比赛中应用比较广泛的一种投篮方法。

2. 行进间单手肩上投篮

它是在比赛中切入到篮下的一种投篮方法。

3. 行进间单手低手投篮

行进间单手低手投篮是在快速跑动中超越或在空中探身超越对手后的一种投篮方法。

4.急停跳起单手肩上投篮

急停跳起单手肩上投篮具有突然性的一种投篮方法。球的出手点高，不易被防守。

动作要领：以右手投篮为例。快速向篮下运动，突然利用跳步或跨步急停起跳，同时两手持球上举；当身体达到或接近最高点时，右臂向前上方伸直，手腕前屈，食、中指拨球，通过指端将球投出。

（四）运球

运球是进攻技术中重要的基本技术，是组织全队进攻配合和突破防守的手段。

（五）防守技术

防守对手是防守队员合理地运用脚步移动和手臂动作积极地抢占有利位置，阻挠和破坏对手的进攻动作，并以争夺控球权为目的的行动。要达到上述目的，防守时必须积极主动、认真负责，综合地联系脚步移动、位置站法、手臂动作、防守姿势，以及抢、打断球技术等多项内容，同时还要对其有效地使用，以促进防守任务的更好完成。

（六）抢篮板球

在篮球运动项目开展的过程中，双方攻守时的争夺焦点就是篮板球，同时，它也直接决定了攻守的转换，可以说球权获得的主要途径就是对篮板球的抢夺。在所有的篮球运动项目比赛活动中，投篮命中率与抢夺篮板球次数相比较，后者比前者更加容易影响到比赛的最终输赢，因此，在现代篮球运动中，争夺主动、获得控制球权的主要根据就是篮板球的争夺，同时展示了个人的实力与全队的实力。如果能够将进攻篮板球抢夺到，那么就获得了明显优势，能够增加进攻次数和篮下得分，并增加队员的信心；抢防守篮板球，不仅能控制球权，创造更多的快攻反击机会，而且会对进攻队员的投篮产生巨大的心理压力。教练员一般都很重视抢篮板球能力的训练和提高。

三、排球运动基本技术

（一）准备姿势和移动

排球运动项目的一项最基本的技术就是准备姿势和移动，上述的两项内容都是无球技术的展示，能够作为重要的基础与前提，促进各项有球技术的完成，例如，传球技术、发球技术、点球技术、扣球技术与拦网技术，等等，同时，还能够作为纽带，串联其各种有球技术运动。在排球运动项目中，其准备姿势同移动之间的关系的相辅相成的，准备姿势的存在目的是移动，可以说，如果想要实现快速移动，就必须要将准备姿势先做好。

1. 半蹲准备姿势

在排球运动项目中，最为基本的一种准备姿势，也是比较常见的准备姿势就是半蹲准备姿势。要求练习者两腿的膝盖微微弯曲，双脚抵地。

2. 移动

在排球运动项目中，移动的意义在于将球及时接好，同时将人和球之间的位置关系保持好，为击球动作做好准备。比较常见的有以下几种步法。

（1）交叉步

在排球运动项目开展的过程中，交叉步移动的基础和条件是来球同练习者的体侧存在三米左右的距离。交叉步移动具有步幅大、动作快的显著特点。

如果对向右侧交叉步进行使用的时候，需要稍微向右倾上体，在右脚前面，左脚交叉迈出一步，之后右脚跨出一大步向右边，同时使身体向来球方向转动，对击球之前的姿势进行保持。

（2）并步与滑步

在排球运动项目开展的过程中，如果练习者身体同球之间的距离是一步左右的话，那么就能够对并步移动进行使用。当移动进行的过程中，例如，移动向前，前脚跨出一步向来球方向，后脚蹬地跟上。如果来球同练习者之间的距离较远的时候，仅仅使用并步是不能向球接近的，这时可以对快速的连续并步进行使用。连续并步也被我们称作是滑步。

不仅如此，移动包含的步法不只有交叉步、并步、滑步，还有跨步、跑步、跨跳步，等等。

（二）发球

在排球运动项目开展的过程中，所谓的发球主要是指在发球区域，练习者将自己抛起来的球用一只手向对方场区直接击入的动作。作为排球运动项目的一种基本技术，发球也是一种重要的进攻性技术广泛地使用在排球比赛中。伴随排球运动的不断发展，也促进了其发球技术的持续创新与提高。

1. 正面下手发球动作要领：面对球网两脚前后开立，左脚在前，两膝微屈，上体稍前倾，重心偏于右脚，左手持球于腹前。发球时将球抛起在体前右侧，离手约 20cm 高。抛球前，右臂伸直，以肩为轴向后摆动。击球时，右脚蹬地，身体重心随着右手向前摆动击球移至前脚上，在腹前以手掌击球的后下方。手触球时，手指手腕紧张，手成勺型。击球后，迅速进入场地。

2. 侧面下手发球

动作要领：左肩朝向球网，两脚左右开立，与肩同宽。两膝微屈，上体前倾，重心落在两脚之间，左手持球于腹前。发球时，左手把球平稳抛送于胸前，距身体约一臂远。离手约 30cm 高。抛球同时，右臂摆至右侧后下方，接着利用右脚蹬地向左转体的力量带动右臂向前上方摆动，在腹前用全掌击球的右下方。

3. 正面上手发飘球

动作要领：击球前的动作与正面上手发球相同，只是抛球稍低、不旋转。挥臂时由后向前做直线加速挥摆，用掌根或半握拳击球的后下部，用力要突然、短促，使作用力通过球体中心，球在飞行中不旋转而产生飘晃。击球后手臂突停、下拖、突停回收或平砍等动作，可以发出不同性能的飘球。

（三）传球

传球是排球技术之一，是利用手指手腕的弹击动作将球传至一定目标的击球动作。传球是排球运动中的重要技术，是组织进攻战术的基础。

1. 正面传球

动作要领：传球时拇指、食指和中指承担球的压力，其余手指触球两侧协助控制球。球触手的瞬间手指和手腕应保持一定的紧张程度，利用其弹力和伸臂与脚蹬地的协调力量传球。

2. 侧向传球

动作要领：身体不转动，主要靠双臂向侧方伸展的传球动作叫侧传。侧传有一定的隐蔽性。准备姿势和迎球动作与正面传球相同，击球点保持在脸前或稍偏于出球方向一侧。一侧手臂要低一些，另一侧手臂要高一些。用力时，蹬地后上体要向出球方向倾斜。双臂向传出一侧用力伸展，异侧手臂动作幅度较大，伸展较快。

3. 跳传

动作要领：跳起在空中传球叫跳传。跳传在当前的排球比赛中已被大量运用，有的优秀运动员甚至把跳传作为主要的传球方式，这是因为跳传的击球点较高，能有效地缩短传扣的时间间隔，保证快速进攻战术的实施。同时跳传还能够与两次球进攻战术联系在一起，因此具有较大的迷惑性。

跳传的起跳动作无论是原地起跳还是助跑起跳，最好都要向上垂直起跳，保持好身体的平衡。当身体上升到最高点时，靠迅速伸臂以及加大指腕力量将球传出。跳传可以正传、背传和侧传，其传球手形、击球点分别与正传、背传、侧传的手形和击球点基本相同。

（四）垫球

垫球是排球基本技术之一，指的是通过手臂或身体其他部位的迎击动作使来球从垫击面上反弹出去的击球动作。

（五）扣球

扣球指队员跳起在空中用一只手或手臂将本方场区上空高于球网上沿的球击入对方场区的一种击球方法。扣球是排球比赛中最积极最有效的进攻手段，是得分和得发球权的主要方法，扣球的成败，是完成全队战术配合、决定胜负的关键技术。

1. 正面扣球

在排球运动中，最基本的扣球技术是正面扣球，只有掌握正面扣球的基础动作，才能学习和掌握其他难度大的扣球技术。

2. 勾手扣球

在起跳后，左肩对网，通过转体动作，带动右臂向左上方挥动击球的一种方法。这种扣球适合于远网扣球或由后排调整过来的球。它可以扩大击球范围，并能弥补起跳过早或冲在球前起跳的缺陷。

3. 单脚起跳扣球

单脚起跳扣球是指助跑的最后一步以单脚踏地，另一只脚直接向前上方摆动帮助起跳的一种扣球方法。这种扣球在现代排球中由于各种冲跳扣球的大量采用，使其有了新的发展前景。

（六）拦网

拦网是指在球网附近的队员，将手伸向高于球网上沿，阻挡对方击过来的球并触及球，是排球的基本技术之一。

1. 单人拦网

动作要领：

（1）准备姿势

面对球网，两脚左右开立，约与肩同宽，距球网 30 ~ 40cm。两膝稍屈，屈肘置于胸前。

（2）移动

为了及时对准扣球点，一般情况下采用与网平行的移动，常用的移动步法有并步、滑步、交叉步、跑步。

（3）起跳

原地起跳时重心降低，两膝弯曲用力，同时两臂在体侧屈肘做划弧线摆动，使身体垂直起跳。起跳的时机应根据对方的扣球变化而有所不同，一般应比扣球队员起跳晚半拍，但拦快球时应与扣球者同时起跳。

（4）空中击球

拦网时，两臂贴耳垂直，两肩上提，两手距离不能超过球的半径，并要尽量接近球的上空。拦网时手指自然张开，手腕略后仰，手指微屈，分开呈勺型，以便包住球。当手触球时，两肩上送，两手要突然紧张，手腕用力下压，盖住球的前上方，将球拦在对方场内。

（5）落地

拦网后要正面对网屈膝，缓冲落地。若未拦到或拦起球在本方时，则应在身体下落时向落球方向转体，便于后撤接应或反攻。

2. 集体拦网

集体拦网有双人拦网和三人拦网两种，集体拦网技术动作除要求具备个人拦网技术要求外，还应注意互相配合。

（1）集体拦网要确立以谁为主，密切协调配合。

（2）起跳时应避免互相冲撞或干扰。

（3）起跳后，手臂在空中既不要互相重叠，也不要间隔太大，以免造成拦击面小而漏球。

（4）身材高矮不同的队员要加强配合。

（5）身材高、弹跳力强或拦网好的队员，应排到拦网重要的 3 号区域，或对准对方的主攻者。

3. 学练方法：主要以徒手动作为主

（1）徒手原地模仿拦网动作，体会拦网的伸臂和拦击球动作。

（2）网前做原地起跳徒手拦网动作。

（3）网前两人一组，隔网相对，做并步、交叉步等徒手移动拦网。要求移动迅速，两人密切配合。

（4）两人一组，徒手移动配合拦网。

（5）网前三人站在本方高台上，分别持球在本区上空网上沿，多人在对方网前轮流移动拦网。要求起跳后在空中压腕"盖帽"并触球。

四、乒乓球运动基本技术

（一）握拍法

1. 直握球拍法

直握球拍法常见的有快攻型握拍法、弧圈型握拍法和削攻型握拍法。

（1）直拍快攻类型握拍法

直拍快攻型握拍出手较快，正手攻球快速有力，攻斜、直线时拍面变化不大，对手不易判断。反手攻球因受身体阻碍，较难掌握，防守时照顾面积较小。其打法因反手大都采用推挡，进攻较弱，反手比较被动，并容易出现漏洞。

（2）直拍弧圈类型握拍法

直拍弧圈类型握拍法可分为四种：

①中式直拍弧圈握拍法。

②单面攻类型握拍法。

③日式直握拍法。

④直板横打型握拍法。

（3）削攻型握拍法

此种握拍法是拇指自然弯曲、紧贴拍柄左侧，第一指关节用力下压，其余四指自然分开托住球拍背面。

（二）基本站位与基本姿势

1. 基本站位

（1）进攻型打法的基本站位

距离球台端线 50cm 左右。擅长近台进攻的选手，站位可稍近些（如左推右攻打法者站位距球台端线约 40cm）；擅长中近台进攻的选手，站位可稍后些（如直拍弧圈打法的站位距球台端线 60cm，横拍两面拉打法的站位距端线约 65cm）；擅长正手侧身抢攻的运动员，可站在球台偏左侧（如直拍、横拍以侧身抢拉为主的选手，左脚约站在位于球台左边线延长线外约 25cm 处）；擅长打相持球或反手实力较强的运动员，可站于球台中间略偏反手的位置。

（2）削攻型打法的基本站位

距球台端线 100 ～ 150cm，多在球台中间略偏反手的位置。进攻能力强的，站位可稍近些；以防守为主的选手，站位可稍远些。

（三）步法移动

常用的步法有单步、跨步、跳步、并步、交叉步、侧身步。

（1）单步：以一脚为轴，另一脚向前、后或左、右移动一步，随之身体重心落在移动脚上。常在来球距身体近时使用。

（2）跨步：来球方向的脚先向来球方向跨出一大步，另一脚向同一方向跟着移动一步。常在来球距身体远时使用。

（3）跳步：以一脚用力蹬地，两脚同时离地向前、后或左、右移动。常在来球较快、角度较大、距身体远时使用。

（4）并步：以一脚向来球方向跨一步，另一脚随即跟上来。常在来球距身体稍远时使用。

（5）交叉步：先以来球反方向的脚向来球方向跨出一大步，体前交叉，然后另一脚跟着向来球方向迈出一大步。常在来球距身体很远时使用。

（6）侧身步：一种是对方来球追身，以左脚为轴，右脚向左后移动一步；一种是对方来球追身偏左方，应以左脚向左迈出一步，然后右脚向左后移动一步。常在来球逼近身体时使用。

（四）发球与接发球技术

接发球是乒乓球技术中一个重要的组成部分，比赛中如果接发球不好，不仅会给对方较多的进攻机会，而且更重要的是常会引起自己心理上的紧张和畏惧，造成一连串的失误；反之，如果接发球接得好，不仅有时可以直接得分，而且还可以破坏对方的抢攻，从而为自己的进攻创造有利的条件。常用的接发球技术有挡、推挡、搓球、削球、抢攻、抢拉等。

1. 正手发左侧上、下旋球

动作要领：正手发左侧上旋球时，手臂自右上方向左下方挥拍，球拍从球的右侧中下部向左侧面摩擦，手腕迅速上勾。正手发左侧下旋球时，球拍由球的右侧中下部向左下方摩擦。

2. 正手发下旋球与不转球

动作要领：发下旋球时，持拍手向前下方挥摆，击球前拍面稍平，击球时手腕发力摩擦球的底部。发不转球时，持拍手向前下方挥摆，击球前拍面稍竖直些，击球时不是摩擦球体而是推打球的中下部。

3. 反手发右侧上、下旋球

动作要领：持球手将球抛起时，持拍手快速向左上后方引拍，以球拍引至左肘下方外侧为宜，手腕适当内屈，拍面向左上方，待球在高点下降时，即向前击球。向前击球分两部分动作完成。从左后上方向右前下方挥摆为第一部分；从右前下方向右前上方挥摆为第二部分。这样，当发右侧下旋球时，用第一部分动作最后阶段击球，拍面从球的中下部向右侧下摩擦，触球后仍做第二部分动作，也称假动作。当发右侧上旋球时，第一部分动作为假动作，不击球，用第二部分动作击球。触球时球拍从球的中下部向右上方摩擦。

4. 反手发急上旋球

动作要领：发球时、持球手将球向上抛起的同时，持拍手迅速向左后方引拍，拍形稍前倾，腰稍向左转，待球从高点下降到低于球网时，用前臂和手腕发力，击球的中上部，同时，腰从左侧向右侧转动。

5. 接左侧上旋球

动作要领：接左侧上旋球时，球触拍后向自己的右侧上方弹出，因此，采用推挡回接时拍面稍前倾并略向左偏斜，击球中上部偏右侧的部位，用力向前推挡，以抵消来球的左侧上旋力。如对方的球发到你的正手，也可采用攻球技术进行回击，拍形适当下压。

6. 接下旋球

动作要领：接近网下旋球时可采用搓、挑技术；接旋转强度较强的下旋球时，主要采用搓球技术；击来球下降期时，引拍比接一般下旋球稍高些，延长球在拍面上的摩擦时间。如果攻球回接，应注意调节拍形前倾角度，适当向上用力提拉。

以上只是简单地介绍了几种接发球的方法。若想进一步提高接发球的成功率和质量，还应在长期的训练中认真加以研究，根据自身的特点灵活地加以组合运用。

应当提出的是，无论采用哪种方法去接旋转发球，都应该有一定的击球速度作为保证，用速度来克制旋转常常是比较有效的。在比赛中如果不敢大胆用力回击球，采用将对方的发球被动地"碰"过去，这样更容易造成回击球失误。

（五）反手推挡球

推挡是我国直拍快攻打法的基本技术之一，它在直拍左推右攻打法中占有极其重要的地位。

推挡技术的特点是站位近，动作小，速度快，变化多。它在比赛中常常会起到由被动变为主动的作用，所以推挡是乒乓球运动的最基本技术之一。

动作要领：站位近台，身体重心保持在两脚之间。击球前持拍手上臂和肘关节内收，前臂略向外旋。击球时手臂快速向前伸，手腕外旋，食指压拍，在来球反弹的上升期向前击球，触球中上部。击球后，手臂继续前送一段距离再还原。

（六）搓球技术

搓球是用类似削球的动作，在近台回击对手下旋来球的一种击球方式。搓球技术包括慢搓、快搓、摆短、搓侧旋4种技术。下面以慢搓球、快搓球和搓侧旋球技术为例：

1. 慢搓球

动作要领：站位近台，两脚左右开立。反手搓球时，向左上方引拍，拍形稍后仰。击球时，身体重心向前移动，同时前臂作旋内转动，由上向前下挥拍，在来球的下降期摩擦球的中下部。

2. 快搓球

动作要领：反手快搓球时，站位近台，引拍至身体左上方。击球时，上臂迅速前伸，前臂由上向前下方用力，手腕控制拍面稍后仰，在来球的上升期击球的中上部。

3. 搓侧旋球

动作要领：搓球前，球拍先迎前。搓球时，手臂向左发力摩擦球的同时，手腕用力，在球的高点期或下降前期搓球中下部。

（七）攻球技术

攻球技术是乒乓球的重要基本技术，是得分的主要手段之一，它包括快攻、快点、快带、快拉、突击、扣杀、杀高球等技术。下面以正手快攻和正手扣杀球技术为例进行学练：

1. 正手快攻

动作要领：站位近台，转腰带动前臂向后引拍。根据来球的长短距离和高低情况调节好拍面的前倾角度，加速挥拍击球。击球时间在高点期或上升期，击球时拍面稍前倾，触球的中上部，向前下方用力。球击出后，迅速还原，准备下一次击球。

2. 正手扣杀

动作要领：站位的远近要视来球的长短而定，短的来球站位靠近台，长的来球站位靠中远台。击球前，腰部转动带动手臂向体侧后方引拍，加大球拍与来球的距离，以便获得更大的挥拍速度。击球时，拍形略前倾，在高点期或上升期击球，通过腰、腿同时发力以增大扣杀力量，在手腕向前下方挥拍用力的同时，控制球的落点和方向，击球的中上部。

（八）弧圈球技术

弧圈球是以旋转为主要特征的进攻技术，是乒乓球比赛中进攻得分的主要手段。弧圈球技术的主要特点是上旋性强、稳定性高、速度快、威胁大。

1. 正手拉加转弧圈球

动作要领：左脚在前，右脚在后，两膝微屈，重心落在右脚上。毛臂自然下垂，拍形略前倾，当来球从台面弹起时，右脚蹬地，腰部向左上方转动，带动肩、上臂、前臂和手腕发力。在来球的下降期摩擦球的中部或中上部，击球后，身体重心移至左脚。

2. 正手拉前冲弧圈球

动作要领：左脚在前，右脚在后，两膝微屈，重心落在右脚上。引拍手向右后方引拍，引拍位置比拉加转弧圈球稍高。击球时间在高点期或下降初期，拍面的前倾角度要比加转弧圈球大些，摩擦球的中上部。击球后，重心移至左脚。

（九）削球

削球技术种类很多，总的分为正手削球与反手削球两大部分。

1. 正手削球

左脚稍前，身体离球台 1m 以外。击球前，手臂自然弯曲，将球拍向右上引至与肩同高，重心放在右脚上。击球时，手臂向左前下方挥动，拍面稍后仰，在下降期击球的中下部，同时手腕向下用力。击球后，球拍随势前送，重心移到左脚，然后迅速还原。

2. 反手削球

击球前，右脚稍前，手臂弯曲，球拍向左上方引至与肩同高，拍柄向下，重心放在左脚上。击球时，手臂向右前下方挥动，拍面后仰，在下降期击球中下部，同时前臂与手腕加速削击来球。击球后，重心移到右脚。

五、羽毛球运动基本技术

（一）握拍法

1. 正手握拍技术

以下介绍（如未做具体说明）均以右手握拍者为例，左手持拍者则反之。

一切在身体右侧的正手正拍面击球及头顶后场击球都用正手握拍法。

【动作要领】

（1）先用左手握住球拍的中杠，使拍框与地面垂直。

（2）张开右手，使虎口对准拍柄斜棱上的第二条棱线（此时眼睛从左至右可同时看见4条棱线），然后用近似握手的方法握住拍柄，拇指和食指贴在拍柄两侧的宽面上，其余的三指自然握住拍柄。

（3）拍柄与掌心不要贴紧，应留有空隙。握拍的位置可视个人的情况而定，一般情况下，以球拍柄端靠近手掌的小鱼际为宜。

（4）握拍力度适宜，恰似握着一个鸡蛋，重则恐破损，轻则恐滑落。

2. 反手握拍技术

一切在身体左侧的反手反拍面击球都用反手握拍法。

【动作要领】

（1）在正手握拍的基础上，将球拍柄稍向外旋，拇指贴在拍柄第一斜棱旁的宽面上，也可将大拇指放在第一、二棱线之间的小窄面上，食指稍向下靠。

（2）击球时，靠食指以后的三指紧握拍柄，同时拇指前顶发力击球。

（3）为了便于发力，掌心与拍柄间要留有充分的空隙。

3. 初学者常见的握拍错误

（1）虎口对在第一、三或第四条斜棱上或者拍柄宽面上。

（2）如同握拳头一样地将拍柄紧紧攥住。

（3）食指按在拍柄宽面的上部，而仅用其余四指攥住球拍。

（二）羽毛球发球技术

就发球的姿势而言，有正手发球、反手发球之分。人们可视自己的习惯或战术的需要来选用正手或反手发球。一般情况下，单打中多采用正手发球，而在双打、混合双打中常用反手发球。

就球飞行的角度和距离而言，可将其分为后场高远球、后场平高球、后场平射球和网前小球 4 种。

（三）羽毛球接发球技术

接发球与发球一样，是开局至关重要的一击。接发球时应保持沉着冷静并作出准确判断，争取抓住这一机会变被动为主动。

（四）羽毛球击球技术

1. 高远球

以较高的弧线将来球击到对方场区底线附近叫击高远球。击高远球是一切上手击球动作的基础。高远球的特点是球的弧线高、滞空时间长，它的作用是逼迫对方远离中心位置退到底线去接球一方面可减弱对方进攻的威力，为己方进攻寻找机会；另一方面在己方被动情况下，有较多的时间来调整站位，摆脱被动局面。

击高远球分为：正手击高远球、头顶击高远球、过手击高远球、反手击高远球。

2. 网前击球

网前击球即击球位置在网前，它概括了网前击球各种各样的可能性。可以细分为：放网前球、搓球、挑球、推球、勾球、扑球、抹球。

作为前场击球，这些技术的动作小，所需力量也较小，特别要以巧取胜。首先要以快速、合理的上网步伐为基础，只有快速到位，争取从网的较高部位击球，才能给对方更大的威胁。

六、网球运动基本技术

（一）握拍法

在所有的网球技术中，最基本的乃是握拍法，它能直接影响球拍接触球的角度。目前，世界上最流行的握拍法有两种：东方式和西方式。专家在总结教学实践经验后得出结论，业余网球的基本技术首先应从东方式正手击球技术开始，这样效果最好，掌握最快。所以，在此只向大家介绍东方式握拍的方法。

1. 正手握拍法

用左手握住拍颈，使拍面与地面垂直，拍柄底部正对身体，右手掌展开，放在拍面上，然后慢慢向拍柄底部滑动，掌握到拍柄底部后，五指自然分开，像握手一样握住拍柄。东方式握拍又称握手式握拍，此时由拇指与食指形成的"V"形虎口对准拍柄把手的右上斜面。

2. 反手握拍法

东方式反手握拍法是从正手握拍法把手向左转动（或把拍子向右转动），使拇指与食指形成的"V"字形对准拍柄的左上斜面。

（二）击球

击球是指球员站在后场或端线附近击打从地面反弹后的球，它包括正手击球和反手击球。

（三）发球

发球是比赛的开始动作，也是唯一由自己控制而不受对方干扰的击球技术，高质量的发球可直接得分。根据速度、旋转、落点变化不同，可分为平击发球、大力发球、切削发球和旋转发球。

（四）接发球

接发球是网球运动中的一项重要技术，只有接发球成功，才有打第二拍、第三拍的可能。网球的发球和接发球由于它们分别是比赛双方的第一拍，在很大程度上对该方的胜负起决定性的作用。

1. 握拍

接发球时，握拍要松弛，引拍和前挥也要保持松弛，但从球拍接触球的一刹那，要紧紧握住球拍，特别是拇指、无名指和食指要用力抓拍。加之手腕固定保证拍面稳定，即使不能有力还击对手凶猛来球，也可用牢固的拍面顶住来球，或者以合适的角度控制还击方向。

2. 技术要领——站位与准备

一般情况下取位于单打边线附近、底线后 0.5 ~ 1m 的地方就可以了，如果偏离单打边线太远，那么就会给自己造成防守上的空虚；同时也不能站得离底线太远或站到场地里面去。针对一发和二发应该有所不同，对方第一次发球时多采用大力发球，站位应偏后一些，如果是第二次发球时可略向前移，利于采取攻击性的还击。

3. 引拍

击球时动作与正常抽击球等击球技术基本相同，只是没有明显的后引，特别是对于快速来球，回球多数采用阻挡式动作，与截击球技术差不多，引拍动作不要做过大，主要是控制好拍面角度并握紧球拍以免拍面被震转动。判断来球，迅速移动，向预测击球点起动时，双肩与身体重心同时移动，并向击球方向踏出异侧步，转肩时要使肘部离开身体，持拍臂腋下大约能有一个球的空隙。

4. 击球

向前挥击时尽量使拍子运行轨迹由高处向下再向上，但上下幅度要小。击球点在体前稍侧略高于胸部位置。

5. 随挥

击球后很少有随挥动作，拍头梳起，打势结束在较高处。身体重心停在前脚掌上，后脚可以略抬起，一般不要离开地面。

6. 还原

接球后迅速复位，准备姿势再次迎接对方击过来的球。

（五）截击球

截击球是在落地之前便将球在网前击回对方场区。它通常速度快、力量大，具有较大的威胁性，在高水平的比赛中，常以主动上网截击控制对手。网前截击分为正手截击和反手截击。

第二节　有氧运动的科学化训练

一、健身走

走是人们生活中最基本的运动形式之一，也是人们最早掌握的健身方法。千百年来，长久不衰，原因是它不分年龄、性别、体质强弱，不受场地器材的限制，只要坚持就能强身健体。

（一）健身走的锻炼价值

步行时由于下肢肌肉和机体许多肌肉得到活动，可防止肌肉萎缩。科学研究表明：坚持走步的人比一般人腿部肌肉群收缩增多。步行速度越快，时间越长，路面坡度越大则负担越重，表现为心肌加强收缩，心跳加快，这对心脏是个有效的锻炼。

饭前饭后走步，不仅能增加食欲，还能促进消化。唐代著名医学家孙思邈说："食毕当步行""行三里二里及三百二百步为佳""令人能饮食无病"。现代医学证实，步行能提高机体新陈代谢率。轻快散步还可以缓解神经肌肉紧张，改善大脑的血液循环，因而可有效地发挥脑细胞功能。

（二）健身走的基本技术

健身走看似简单，却蕴藏着巨大的学问。掌握健身走的基本技术，形成正确的走姿，可以有效地增强体质和健美形体。

1. 走路时头要正，目要平，躯干自然伸直，沉肩，胸腰微挺，腹微收。这种姿势有利于经络畅通，气血运行顺畅，使人体活动处于良性状态。

2. 步行时身体重心前移，臂、腿配合协调，步伐有力、自然，步幅适中，两脚落地要有节奏感。

3. 步行过程中呼吸要自然，应尽量注意腹式呼吸的技巧，即尽量做到呼气时稍用力，吸气时要自然，呼吸节奏与步伐节奏要配合协调，这样才能在步行较长距离时减少疲劳感。

4. 步行时要注意紧张与放松、用力与借力之间相互转换的技巧，即可以用力走几步，然后再借力顺势走几步，这种转换可大大提高走步的速度，并且会感到轻松，节省体力。

5. 步行时，与地面相接触的一只脚要有一个"抓地"动作（脚趾内收），这样对脚和腿有促进微循环的作用。

6. 步行快慢要根据个人具体情况而定。研究发现，以每分钟走 80 ~ 85 米的速度连续走 30 分钟以上时，防病健身作用最明显。

（三）健身走的方式

1. 自然步法

自然步法分缓慢走（每分钟 60 ~ 70 步）、普通走（每分钟 70 ~ 90 步）和快速走（每分钟 90 ~ 120 步）。缓慢走和普通走适用于一般保健，每次 30 ~ 60 分钟。快速走适用于一般健身，每次 30 ~ 60 分钟。

2. 摩腹散步法

摩腹散步法即在散步时，两手柔和旋转按摩腹部，每走一步按摩一周，正转反转交替进行。每天坚持摩腹散步，对保持优美形体和消除腹部脂肪也有良好的效果。

3. 倒行法

预备姿势立正、挺胸、抬头、平视、双手叉腰，拇指向后，按腰部的"肾俞"穴位，其余四指向前。倒行时，左脚开始，左大腿尽量向后抬，然后向后迈出，全身重心后移，前脚掌着地，重心移至左脚，再换右脚交替进行。为了安全应选择场地平坦，周围无障碍物的地方进行。

由于日常生活中躯体向前活动量超过向后的活动量，加上躯体俯仰活动不平衡，背伸活动较少，因此人体易形成姿势性驼背和四肢关节功能障碍以及腰肌劳损。而倒行法锻炼能使腰部肌肉有规律收缩或放松，有利于腹部的血液循环改善，加强腰部组织新陈代谢。长期倒行锻炼，可以防治腰肌劳损、姿势性驼背，有利于保持人的形体健美和增强运动能力。

4. 摆臂步行法

以每分钟 60 ～ 90 步步行，两臂用力前后摆动，可增进肩部和胸廓的活动。

5. 竞走法

躯干保持直立或稍向前倾，两臂弯 90° 左右，配合两腿前后摆动。先脚跟着地然后滚动全脚掌落地，膝关节要伸直。脚落地后，身体顺惯性前移，当支撑腿垂直地面时，摆动腿大腿向前摆，小腿随大腿向前摆出，此时摆动腿带动同侧髋关节向前送出。竞走法适用于中青年人，可增强人的耐力和关节灵活性。也可用于散步之间进行短暂调剂，以减少因长期用一种姿势走路而造成的疲劳，增加健身走的乐趣。

6. 爬楼健身法

大步地蹬跨楼梯，可使大腿肌肉得到充分的锻炼；用脚掌轻快地逐级快下，可同时锻炼左右脑；小步匀速地上楼，可使上肢、腰、背、腿部等关节参加运动，促进心率加快，肺活量增大。

登楼梯是一项较激烈的有氧锻炼形式，锻炼者需具备良好的健康状态，一般采用走、跑、多级跨越和跳等运动形式。锻炼者可根据自己的身体状况和环境条件，选择适合自己的锻炼方法。初练者宜从慢速并持续 20 分钟开始，随着体能的提高，逐步加快速度或延长持续时间。当体能可耐受 30 ～ 40 分钟时，即可逐步过渡到跑、跳或多级跨楼梯。

此外，对于有氧健身走而言，其基本技术不仅仅存在上述的几种，还有脚跟走法、蹬腿走法、边聊边走法，等等。

（四）健身走的要求

1. 应精神放松

古人认为行走"须得一种闲暇自如之态"。尽量使精神放松，才能起到调剂精神、解除疲劳的作用。

2. 注意选择适当的时间和地点

一是饭后一小时为宜，清晨、傍晚、临睡前都可步行；二是选择最佳环境，健身走的地点最好选择车辆少、树木多、空气新鲜的地方，如河边、湖边、海边等，道路宜平坦。如因身体状况不佳，也可在家中进行，步行同样时间，但要保证空气新鲜。

3. 要持之以恒

为了达到健身目的，步行时间以每天 30 ～ 60 分钟为宜。要天天坚持，持之以恒，使 60 分钟制度化。然而，毕竟不是所有人每天都能抽出一个小时专门去进行锻炼，那么要在日常生活、工作和学习中寻求不同途径多走多动。例如上学上班以步代车，步行购物选较远的商店，或者越过电梯不乘，选择登楼梯来代替等。因此，一日 60 分钟步行不必一次走完，可分成 2 次或 3 次。

4. 速度要适中

对每个人来说，走的速度取决于自己的健康状况，可慢可快，或者不快不慢的中速。刚开始锻炼，以慢速为宜，即每分钟 60 ～ 70 步，每小时 3 ～ 4 公里。锻炼两周后可采用中速，即每分钟 70 ～ 90 步，每小时 4 ～ 5 公里。第四周后可采用快速，即每分钟 90 ～ 120 步，每小时 5 ～ 7 公里。对每一次健身走最好匀速进行，不要时快时慢或走走停停。

5. 控制好距离

步行的距离应该多少，需根据年龄或健康状况决定。开始时可进行短距离散步，然后每周增加一些距离。缓慢增加是最理想的锻炼方法，切不可急于求成。

6. 注意衣着

最好穿运动衣、运动鞋步行。

7. 运动量要适宜

健身走运动量的控制主要靠脉搏、睡眠、食欲及身体反应等自我感受来决定。睡眠好，食欲佳，身体无不适，说明步行量适宜。不管选用何法，其运动量、运动强度应依每个人的健康状况而定。勿操之过急，应循序渐进，持之以恒。

二、健身跑

健身跑是通过跑步有效地增强身心健康的一项群众性健身活动。它虽然不那么吸引人，但确实是最简单、最有效的有氧运动。

（一）健身跑的锻炼价值

健身跑的锻炼价值主要表现在以下几个方面。

1. 可以保护心脏

跑步锻炼可以使冠状动脉保持良好的血液循环。

2. 能够加速血液循环，调整血液分布，消除瘀血现象，提高呼吸系统功能

跑步是一项全身性的健身运动，能有力地驱使静脉血液回流，减少下肢静脉和盆腔瘀血，预防静脉内血栓形成。另外，跑步时加强了呼吸力量，加大呼吸深度，有效地增加肺的通气量，对呼吸系统有良好的影响。

3. 能够增强神经系统的功能，消除脑力劳动者的疲劳

跑步可以调整大脑皮层的兴奋与抑制，也对调整人体内部平衡、调剂情绪、振作精神有一定的作用。

4. 能够促进人体新陈代谢，控制体重，预防肥胖症

跑步要消耗能量，促进机体新陈代谢，同时跑步也能改善脂质代谢。

（二）健身跑的基本技术

1. 跑步的姿势

跑步时姿势正确，才能跑得快而省力。其上体要正直微前倾，头与上体在一条直线上不要左右摇晃。两臂的摆动除了维护身体平衡外，还能帮助两条腿的蹬地和摆动，加快跑的速度。摆臂时两臂稍离躯干，前后自然摆动；两手自然半握拳，肘关节要适当弯曲，以肩关节为轴，尽量做到前摆不露肘，后摆不露手，并且注意不要低头、弯腰和端肩。两腿后蹬是推动身体前进的动力，后蹬时应积极有力，髋、膝、踝三关节充分伸直，腿的前摆可以加大跑的步伐，前摆时大腿放松顺惯性向前成自然折叠。

2. 跑步的呼吸

跑步是一项消耗体力比较大的运动。在跑步过程中，要通过肺脏吸收大量氧气和排出二氧化碳。肺的换气量是否充分，呼吸动作是否正确，是疲劳出现迟早的关键。跑步时最好用鼻呼吸，在呼吸深急的情况下，也可用口协助呼吸。呼吸要慢而深，有一定的节奏，一般是两步一呼两步一吸，也可以三步一呼三步一吸。随着跑的速度加快，呼吸深度应加深，节奏加快，以满足身体对氧气的需要。

在进行强度较大的跑步练习时，呼吸频率增加很快，初学者往往会感到呼吸困难，要防止呼吸困难现象的出现，首先要适当安排运动强度和负荷量，要从实际出发，量力而行；其次要注意呼吸动作，调整呼吸节奏和加大呼吸深度。

（三）健身跑的方式

1. 慢速放松跑

慢速放松跑较简单，慢的程度可以根据自己体质而定，老年人或体弱者可以比走步稍快一点，呼吸以不喘大气为宜。全身肌肉放松，步伐轻快，双臂自然摆动。在跑步一开始应注意呼吸的深、长、细、缓，有节奏。运动时间一般以每天 20 ～ 30 分钟为宜，每周 5 ～ 6 次，也可隔 1 天 1 次。

2. 变速跑

变速跑就是在跑的过程中，快跑和慢跑交替进行的一种跑法，它适合体质较好的锻炼者。变速跑可根据自己的身体状况随时改变速度。如可慢速跑与快速跑交替，或中速跑与快速跑交替等。随着锻炼水平的提高，逐渐提高变速跑的速度，逐渐增大运动量，以最大限度地发挥健身跑的作用。

3. 跑走交替

此方式适合初学初练者或体弱者采用。通过十几周走跑交替的锻炼，就可以连续跑 15 分钟，几个月后就可以连续跑几公里了。

在跑走交替的锻炼方式中，也可以做一些变化，如可以跑跳交替，即跑一段后跳上 3 ～ 5 次，再跑一段，再跳 3 ～ 5 次。这样可使肌肉关节在长时间墨守成规活动中得到休息，可缓解疲劳，同时锻炼弹跳力，也可增加跑步乐趣。

4. 定时跑

定时跑有两种。一种是每天必跑一定时间而不限速度的跑步。如第一阶段：适应期 10 ~ 20 周，每周 3 次，每次连续跑 15 分钟。第二阶段：适应期 6 ~ 8 周，每周 3 次，每次 30 分钟；巩固期 4 周，每周 3 ~ 5 次，每次 30 分钟。身体允许进行更大强度锻炼的年轻人，还可以每周跑 3 次，每次 45 分钟，最长可达 60 分钟。另一种是限定在一段时间内跑完一定距离的方法，开始时，可限定较长时间跑完较短距离，如在 5 分钟之内跑完 500 米。以后随着体质水平的提高可缩短时间加快跑的速度，或延长距离加快速度，以提高速度耐力素质。

5. 跑楼梯

跑楼梯是一种时尚的健身健美项目。它既是一项增强心肺功能的全身性有氧运动，又是一项可以灵活掌握运动量、无须投资及男女老幼皆宜的锻炼方法，也是一项日常生活中去脂减肥的健身新招。跑楼梯要求腰、背、颈部和肢体不间歇地活动，肌肉有节奏地收缩和放松，可促进肺活量，加速血流，改善代谢和增强心肺功能。

6. 越野跑

凡在公路、田野、山地、森林等进行健身跑锻炼的，称之为越野跑。由于越野跑将运动和自我锻炼结合起来，所以越野跑的健身效果更佳。

（四）健身跑的要求

不同对象在进行健身跑锻炼时应有不同要求。

1. 少年儿童锻炼时，跑的距离不宜过长，速度不要太快，以免负担过重。7 ~ 10 岁儿童，每次跑 800 米左右，11 ~ 14 岁每次跑 1500 米，15 ~ 17 岁，每次 3000 米左右较合适。

2. 中老年进行健身跑锻炼前应进行身体检查，检查是否有不宜跑步的禁忌证。开始健身跑时可先快速步行，然后自我感觉有无不舒服。当确实没有不舒服感觉后再进行跑走交替的练习。跑的速度、距离要适当，切忌操之过急。

3. 肥胖人健身跑，由于本人负重已较大，心肺功能又不太强，初练时必然感到费力，所以必须掌握好速度和时间。

4. 一般来说疾病的急性期和严重期不适合练健身跑，但慢性病可以适当锻炼，但必须量力而行，并随时注意身体的一些变化，防止过度劳累。

健身跑锻炼都应持之以恒，假若停止练习 4 ～ 12 周，训练水平开始下降，假若停止 4 ～ 8 个月，便会重新回到当初未参加锻炼前的状况。

跑步是一项消耗体力比较大的运动。在跑步过程中，要通过肺吸收大量氧气和排出二氧化碳。因此，呼吸动作是否正确，是疲劳出现迟早的关键。跑步时最好用鼻呼吸，呼吸的节奏，一般是两步一呼两步一吸，也可以三步一呼三步一吸。随着跑的速度加快，呼吸深度应加深，节奏加快，以满足身体对氧气的需要。在呼吸深急的情况下，也可用口协助呼吸，但要避免张得太大，以免嗓子干燥。

冬季气温低，在长跑前一定要做好准备活动，防止运动损伤。每天练长跑，因水分消耗多，需要适当补充水分和盐分。夏季长跑的时间最好选在凉爽的清晨或傍晚。长跑结束后应做些整理活动。

第二节　塑身运动的科学化训练

一、瑜伽

瑜伽健身是使心灵、肉体和精神和谐统一的一种运动方式，即使身心处于相对稳定、平衡的状态。

（一）瑜伽的功能

瑜伽的一些姿势是轻柔的按摩和伸展身体同时使身体的每一个部分都得到益处。瑜伽练习对保持人体生理功能，如呼吸调整、心率、流汗、血压、新陈代谢的频率、体温和其他一些重要的机制的平衡很有好处。瑜伽重建人体功能的平衡效果显著。有些姿势是针对提高人的身体平衡能力。在练习活动的规律性开展下，人们能够获得许多，例如，坚韧、平衡、灵活性等。

（二）基本坐姿

1. 简易坐

坐在地上或垫子上，将右小腿弯曲，放在左大腿之下，将左小腿弯曲放在右大腿之下。双手放于两膝之上，头、颈、躯干都保持在一条直线上。

2. 半莲花坐

坐在地上或垫上，弯曲右小腿让右脚底板顶紧左大腿内侧，弯起左小腿并将左脚放在右大腿上，头、颈、躯干都保持在一条直线上。交换两腿的位置，继续再坐下去。

患坐骨神经痛的人不宜做此练习。

3. 莲花坐

坐在地上或垫上，双手抓住左脚，将其放于右大腿上，脚跟放在肚脐区域下方，左脚底板朝天。双手抓住右脚，扮过左小腿上方，放在左大腿上，右脚底板朝天，脊柱保持伸直。尽量长久地保持这个姿势。交换两腿位置练习。

这个姿势较为难做，但它是一个很有用的松弛练习，掌握好它之后，能引发顺畅的呼吸，增加上半身的血液循环。

（三）站立体位法

1. 风吹树式

做法：（1）站姿。双脚并拢，合掌胸前。吸气，双手向头顶高举，手臂轻轻夹住耳际，上身有往上延伸之感觉。

（2）吐气，上身弯向左侧，与此同时，将髋部向右侧推移保持 5 次呼吸。

（3）吸气，还原向上。吐气，再弯向右侧，将髋部向左侧推移，保持呼吸 5 次。

2. 三角转动式

做法：（1）保持两膝伸直的同时，将右脚向右方转 90°左脚向右方转约 60°。

（2）呼气，双臂伸直，将上身躯干转向右方，让左手在右脚外缘碰触地板。右手臂向上伸展，与左手臂成一直线。双眼注视右手指尖，伸展双肩及肩胛骨。保持约 30 秒。

（3）恢复时吸气，慢慢先将双手、躯干以致最后将两脚转回各自原来的伸展状态，再转回基本站立式。

（四）跪姿体位法

以猫式为例

做法：（1）坐姿，双掌置于膝盖上，伸直背部，调匀呼吸。

（2）吸气，臀部离开脚跟，俯身向前，抬臀凹腰，膝部，脚背贴地面，手臂伸直，指尖对膝盖，下颚抬高，背部收紧，保持片刻。

（3）吐气，手掌施力收腹，拱起背部，头部向下，下颚尽量抵住胸部锁骨处，动作静止，自然呼吸 5 次。

（4）再次吸气，下颚向上抬，头部后仰，凹腰部，挺臀部。动作静止，自然呼吸 5 次。上、下各重复练习 3 次。还原坐姿，调匀呼吸。

（五）蹲姿体位法

以花圈式为例。

做法：（1）蹲坐着，两脚并拢，脚心和脚跟要完全贴在地面上。

（2）分开大腿和膝盖，身体向前，两手由两腿中间向前伸。

（3）手臂弯曲往后，两手握住脚踝后面的部分。

（4）握紧脚踝之后，呼气，头向下碰触地面。

（5）停留一分钟，自然地呼吸。

（6）吸气，头抬起来，手松开，休息。

（六）瑜伽调息法

1. 呼吸法

认识呼吸的重要性并掌握正确的呼吸方法是瑜伽练习者的当务之急。

呼吸通常有四种方式：胸式呼吸、腹式呼吸、完全（瑜伽）呼吸、喉呼吸。

（1）胸式呼吸

仰卧式，右手轻轻放在肋骨上。深深吸气，但不要让腹部扩张，代替腹部扩张的是把空气直接吸入胸部。在胸式呼吸中，胸部扩张，腹部应保持平坦。然后，当吸气越深时，腹部越向内，朝脊柱方向收，肋骨向外和向上扩张，接着呼气，肋骨向下并向内收。

（2）腹式呼吸

仰卧式，右手轻轻放在肚脐上。吸气时，把空气直接吸向腹部，吸气正确，手随腹部抬起，吸气越深，腹部升得越高。随着腹部抬起，横膈下降，接着呼气，腹部向内朝脊柱方向收缩，凭着尽量收缩腹部的动作，把所有空气从肺部全部呼出来，横膈升起。

（3）完全（瑜伽）呼吸

仰卧式，左手放在肋骨上，右手放在肚脐上。慢慢地吸气，让空气先进入肺的下部，肚子抬高，再进入肺的中部和肺的上部。慢慢地扩张锁骨，以便吸入最后一点空气。接着慢慢地呼气，先放松肺的上部，再放松肺的中部，最后放松腹部，收缩腹部肌肉，让空气全部呼出。再循环吸气和呼气。完全（瑜伽）呼吸应是畅顺而轻柔的。整个呼吸应像一个波浪轻轻地从腹部波及胸膛中部再波及胸膛上半部，然后减弱消失，应该是稳定、渐进的；而不应是分节或跳动的，不应该是匆忙或使劲地。

完全呼吸是把以上两种类型的呼吸结合起来完成的，首先要熟练腹式呼吸后再练习完全呼吸。完全呼吸是一种自然的呼吸方法，练习巩固之后，这种呼吸方法就会成为你日常生活中一种自主行为。

（4）喉呼吸

喉呼吸是通过两鼻孔进行呼吸，由于收缩喉头声门还会带出轻微响声。在吸气时，能听到"萨"的声音；呼气时，能听到"哈"的声音，就像婴儿熟睡时发出轻微鼾声。喉呼吸是最奇妙、使用范围最广的呼吸法之一，它不受调息功法深浅的限制，做起来很简单，任何人、任何时候、任何姿势都可以兼练喉呼吸。练习者还可以把舌头向上或向后翘，让舌头底部顶住上腭后部来呼吸，练习喉呼吸时尽量做深呼吸。

2. 收束法

通常瑜伽收束法有四种，即收颌收束法、收腹收束法、会阴收束法、大收束法（庞达三收束法）。

3. 调息法

人体在吸气之后，就会自然地呼气，呼与吸之间还有着自然的停顿。

瑜伽调息法通常有五种：风箱调息、圣光调息、昏眩调息、清凉调息、经络调息。

（七）瑜伽松弛法

瑜伽松弛法是一种让瑜伽练习者得到极好休息的功法，包括瑜伽休息术、瑜伽松弛法和瑜伽冥想。通过有意识的调身、调息、调心，使人体肌肉、精神、心灵达到松、静、自然的放松状态。

1. 休息术

瑜伽休息术由三个部分组成，即准备部分（瑜伽语音冥想）、基本部分（放松身体各部位和瑜伽场景冥想）、结束部分（充沛精力后起身放松）。

2. 松弛法

（1）仰卧放松功

仰卧式，两腿分开与肩同宽，脚尖自然朝外，两臂放在身体两侧，掌心向上；双眼闭合，全身放松，自然呼吸；意守呼吸，每次吸气或呼气。

（2）俯卧放松功

俯卧式，两臂上举，掌心向下，双眼闭合，全身放松；意守呼吸，每次吸气或呼气。

（3）鱼戏式放松功

俯卧式，头右转，两臂上举，十指相交，置于头部下方，右腿弯曲，靠近胸部；转动两臂，左肘朝上，右肘放在右大腿上，头靠在左臂弯曲处；保持姿势；还原成俯卧；换左侧同样练习。

（4）仰卧伸展放松功

仰卧式，两腿稍分开，两臂上举，掌心向上，平放地上，双眼闭合，全身放松；吸气，右臂和身体右侧向上伸；呼气，右臂和身体右侧还原；吸气，右腿向下伸展；呼气，右腿还原；换左边做同样练习。

（5）动物式放松功

长坐式，右腿屈膝，右脚抵住左大腿内侧；左腿后屈，左脚跟抵住臀部；吸气，两臂上举，掌心向前；呼气，上体前屈，前额触地，保持姿势；吸气，还原；换左边做同样练习。

（6）婴儿式放松功

跪坐式，两臂下垂，两手放在两脚旁，掌心向上，指尖向后；上体前屈，腹部胸部紧靠大腿，前额轻轻触地，两臂放松，保持姿势；还原成跪坐式。

（7）月亮式放松功

跪坐式，两臂上举，掌心向前；上体前屈，前额轻轻触地，保持姿势；还原成跪坐式。

（8）手抱膝放松功：

仰卧式，两腿屈膝，大腿贴近胸部，两手十指交叉抱住双膝，双眼闭合，全身放松，保持姿势；还原成仰卧式。

（9）摇摆放松功

仰卧式，两腿屈膝，大腿靠近胸部；两手十指交叉至大腿下，抱住两腿；低头，让身体前后摇摆 5 次，顺势成蹲式。

（10）站立放松功

开立式，低头，下巴贴近锁骨，双眼半闭，两臂、两手和所有手指垂下；放松肩背、大腿、小腿肌肉，全身放松，保持姿势；抬头，还原成开立式。

3.瑜伽冥想

瑜伽冥想，简单地理解，就是一种克服物质欲念的方法，是在精神完全放松时给自己的一种暗示。目的在于获得内心平和与安宁。瑜伽冥想练习是将思绪停留在一个点上，固定不动，通过排空杂念，渐渐地找回自我，明晰自身，最终达到精神快乐和智慧。

二、普拉提

（一）普拉提训练原则

1.专注力（concentrat1on）

普拉提运动疗法是融合肢体和心灵（body-mind）运动，训练以意志力去控制身体动作。专注力对身心的重要性是不需要质疑的，它有利于理清思绪、集中精神、增加和培养冷静处理突发状况的能力。在普拉提练习开展的过程中，必须要保证每一个动作的完成都是全身心投入的，在保证动作准确度的同时，还要对身体动作观察的敏锐度进行培养，从而使其自身姿势正确性评断与动作自我纠错的多项能力得到建立与培养。

2. 控制力（control）

普拉提运动没有随性或偶然发生的动作，每一个动作都是经由意识性的引导，例如头的位置、背部的弧度、手指的方向、手腕弯直、膝盖面向，而非听任身体的摆布限制。

3. 流畅感（flowing liqove1nent）

想要有优雅的举止，就得从动作流畅感的训练做起。僵硬的肢体动作通常是因为肌肉过度紧绷，限制了关节活动范围，或是因肌力无法支撑肢体所造成。如想拥有芭蕾舞般的优雅身形，并改善僵硬的肢体动作，则得从矫正身体的不平衡做起。

（二）普拉提的课程形式

为确保学员的安全与学习效率，一对一的教学方式是最理想的上课形式。就算是团体课程，也皆以小班制的方式教学，一堂课时间约为一小时。

1. 个人课程

这种方法是一位教师指导一位学生的上课方式。由于每个人的肢体结构与训练目标各不相同，若能通过一对一的教学方式，教师更能针对个人需求做更深入的观察与加强，并依据个人学习状况随时调整课程内容，以达最高学习效率。

2. 团体课程

为确保学员的学习效益，器材练习的团体课程通常只采用小班制的上课方式，由 1 位教师教导 3～4 位学生。垫上训练的课程大多则以团体方式教学，上课人数约 10～15 人。学员在加入团体课程之前，应确定对此运动技巧已有足够的了解和练习，才能充分收益并避免所谓的伤害。有经验者可依个人喜好和需要做选择。

（三）普拉提动作解读

1. 使颈部保持弯曲状态

（1）练习者在垫子上面仰卧，分开自己的双腿，保持与胯部同样的宽度；收紧自身的腹肌，保持骨盆的中立状态，在地面上紧贴上自己的肩胛骨，同时打开胸部。

（2）练习者将自身的后颈部伸长，同时轻轻地用下巴去尽量与前胸接触；练习者吸气，将头部通过腹肌的力量向上，微微地向前拉起。

（3）练习者呼气，向初始位置还原，通过腹肌来控制头部。

2. 使腹部保持弯曲状态

（1）练习者在垫子上仰卧，保持双腿的弯曲状态，且同胯部之间保持同样宽度状态；练习者两双手在地板上平放，手心朝下；吸气。

（2）练习者将后颈部伸长，使自身的腹肌收缩，在脑后枕住双手。

（3）练习者吸气，与此同时将头部用双手扶住，向上将连肩胛骨在内翘起。

（4）练习者朝着骨盆的方向将前部的胸骨与肋骨进行放松，伸直双腿；练习者吸气，同时保持原有姿势不变，保持骨盆的中立状态，伸直自身的脖颈与脊柱；练习者呼气，向初始位置还原，将腹肌收紧。

3. 练习者的伸腿练习

（1）练习者在垫子上仰卧，保持双腿和胯部之间的同等宽度，弯曲左腿，伸直右腿；收紧自身的腹肌，保持骨盆的中立状态，在地面上紧贴肩胛骨，同时打开胸部。

（2）练习者吸气，抬高自己的右腿，与骨盆之间呈现出 45° 的状态，同时保持骨盆的中立状态，放松脊柱。

（3）练习者呼气，将自身的右腿向初始位置还原。并且此期间将腹肌始终收缩，需要注意的是肩胛骨与地面之间要始终保持接触；完成上述动作以后，再换成左腿，对上述的动作进行重复。

4. 桥式练习

（1）练习者在垫子上仰卧，双腿保持弯曲且平行的状态，在身体的两侧平放双手，手心朝下；练习者吸气，向着肋骨方向下沉肩膀，挺直背部，收紧腹肌。

（2）练习者呼气，抬起骨盆，平行于背脊的中部；将腹肌，臀肌和脚筋收紧，两只脚掌完全同地面接触。

参考文献

[1] 曲宗湖，杨文轩．学校体育教学探究 [M]．北京：人民体育出版社．2000.

[2] 李元伟．科技与体育—关于新世纪体育科学技术发展问题 [J]．中国体育科技，2002，38（6）：3-8，19.

[3] 徐本立．运动训练学 [M]．济南：山东教育出版社，1990：228.

[4] 王智慧，王国艳．体育科技与体育伦理辨析 [J]．体育文化导刊，2016（6）：146-148.

[5] 曹庆雷，李小兰．前沿科技与体育 [J]．山东体育科技，2004，26（1）：37-38.

[6] 董传升．"科技奥运"的困境与消解 [M]．沈阳：东北大学出版社，2004：15.

[7] 张朋，阿英嘎．科技与体育的对话—利弊述评 [J]．福建体育科技，2015，34（4）：1-3.

[8] 谢丽．从奥运会比赛成绩看运动器材的变化 [J]．体育文史（北京），2000（4）：52-53.

[9] 杜利军．奥林匹克运动与现代科学技术 [J]．中国体育科技，2001（3）：6.

[10] 于涛．从哲学角度再认识身体对揭示体育本质的意义 [J]．上海体育学院学报，2008（3）：18-20.

[11] 张洪潭．体育的概念、术语、定义之解说立论 [J]．西安体育学院学报，2006（4）：1-6.

[12] 张庭华．走出体育语言——从语言学界的共识看媒体体育语言现象 [J]．体育文化导刊，2007（7）：50-53.

[13] 黄聚云．从哲学角度再认识身体对揭示体育本质的意义 [J]．2008（1）：1-8.

[14] 爱德华·萨丕尔．语言论 [M]．北京：商务印书馆，1985.

[15] 于涛．体育哲学研究 [M]．北京：北京体育大学出版社，2009.

[16] 董文秀．体育英语 [M]．北京：人民体育出版社，2009.

[17] 伊恩·罗伯逊.社会学（下）[M].北京：商务印书馆，1991：719.

[18] 汪寿松.论城市文化与城市文化建设 [J].南方论丛，2006（3）：101.

[19]R·E·帕克.城市社会学 [M].北京：华夏出版社，1987：41，154.

[20] 乔尔·科特金.全球城市史 [M].北京：社会科学文献出版社，2006：3.

[21] 卢元镇.体育社会学 [M].北京：高等教育出版社，2001：211.

[22] 乔治·维加雷洛.从古老的游戏到体育表演 [M].北京：中国人民大学出版社，2007：107.

[23] 王祥荣.生态与环境——生态可持续发展与生态环境调控新论 [M].南京：东南大学出版社，2000：55.